Diethelm Wallwiener

Michael Kirschbaum

V. Craig Jordan

Wolfgang Eiermann

Günter Emons

Michael Bamberg

Walter Jonat

Hilde Schulte

Chefärzte

Dieter Alt

Augustinus Harjanto Tulusan

Mechthild Neises

Rolf R. Olbrisch

Ingo J. Diel

Kurt Possinger

Anton Scharl

Rüdiger Schulz-Wendtland

Hans Georg Bender

Dieter Alt
Manfred Kaufmann

Lieblingsgerichte deutscher Chefärzte

Mit einem Rezept von Johann Lafer

Ein Benefiz-Kochbuch der

Aktion Bewusstsein für Brustkrebs

zur Förderung der Brustkrebs-Früherkennung

Impressum

Idee – Konzept – Redaktion	Dr. Dieter Alt
Illustration und Titelgestaltung	Heike Kreye, Hamburg
Satz und Layout	multimediahaess, Bammental
Druck	Dietz Druck, Heidelberg

Edition Brust bewusst
ISBN 978-3-00-024286-1

Bestelladresse

Aktion Bewusstsein für Brustkrebs e.V.
c/o Dr. Dieter Alt

Untere Kippstraße 21 · D-69198 Schriesheim
Telefon 06220 - 91 26 33 · Telefax 06220 - 91 26 79
E-Mail info@brust-bewusst.de
www.brust-bewusst.de

VORWORT

Das Essen dient nicht nur der menschlichen Ernährung und Gesundheit.

Durch seine vielfältige, abwechslungsreiche Zubereitung mit frischen, vollwertigen Zutaten ist es auch wichtig für das soziale menschliche Miteinander.

Liebevoll zubereitete Gerichte und ein gemeinsames Essen mit Freunden oder im Kreis der Familie sind immer ein Stück Lebensqualität. Das wird besonders an Festtagen deutlich.

Landestypische Gerichte sind von der jeweiligen Kultur und Entwicklung geprägt und sagen etwas aus über die Menschen, die dort wohnen, über ihre Lebensbedingungen und ihre Lebensfreude.

So verbinden wir beispielsweise automatisch Pizza und Spaghetti mit Italien, Paella mit Spanien, mit der Schweiz das Fondue, Curry-Gerichte mit Indien, das T-Bone-Steak mit den USA und natürlich die Spätzle mit Baden-Württemberg.

In allen Gegenden Deutschlands gibt es landestypische Spezialitäten, die die Kultur und Tradition der einzelnen Landesteile zeigen. Dies spiegelt sich auch im vorliegenden Benefiz-Kochbuch „Lieblingsgerichte deutscher Chefärzte" wider.

Mit ihren Kochbuch-Beiträgen geben über 60 deutsche Brustkrebsexperten aus allen Fachbereichen und Bundesländern nicht nur ihre persönlichen Lieblingsgerichte und damit ein Stück ihrer Privatsphäre preis, sondern sie fördern vor allem auf einmalige und besondere Weise die Früherkennung von Brustkrebs in Deutschland.

Alle Kochbuchautoren drücken damit ihre Solidarität mit den an Brustkrebs erkrankten Frauen aus und machen gleichzeitig Mut, dass auch mit der Krankheit Brustkrebs ein erfülltes und von Lebensfreude geprägtes Leben weitergeht und möglich ist. Dies haben stellvertretend in diesem Kochbuch auch eine an Brustkrebs erkrankte Frau und ein Angehöriger mit ihren Lieblingsgerichten zum Ausdruck gebracht.

Da zwei Euro aus dem Erlös dieses Benefiz-Kochbuchs an die Aktion Bewusstsein für Brustkrebs e.V. gehen, unterstützen Sie durch den Kauf unsere Maßnahmen zur Förderung und Verbesserung der Früherkennung von Brustkrebs in Deutschland.

Im Namen aller Kochbuchautoren wünsche ich allen Leserinnen und Lesern viel Spaß und Unterhaltung bei der Lektüre und Genuss beim Nachkochen der Gerichte.

Dieter Alt

Dr. Dieter Alt

Grusswort der Frauenselbsthilfe nach Krebs Bundesverband e.V.

Liebe Leserin, lieber Leser,

die Chancen auf Heilung von Brustkrebs waren noch nie so gut wie heute – vorausgesetzt, die Erkrankung wird in einem frühen Stadium erkannt. Gesundheitspolitische Programme setzen zunehmend mehr auf Prävention und belohnen die Inanspruchnahme von Früherkennungsuntersuchungen. Allerdings verlieren die Angebote an Bedeutung, wenn sie nicht im Denken und Handeln von Menschen umgesetzt werden.

Genau hier setzt die Aktion Bewusstsein für Brustkrebs e. V. an. Sie liefert verständliche, sachdienliche Informationen und schafft notwendige Grundlagen für ein gesundheitsförderndes Verhalten. Sie unterstützt die Möglichkeiten der Früherkennung mit der Chance auf Heilung und auf eine gute Prognose. Bereits betroffene Frauen wissen, was die Diagnose Brustkrebs in einem fortgeschrittenen Stadium bedeutet.

Das Kochbuch ist eine außergewöhnliche, originelle Idee, auf die nach wie vor lebensbedrohende Erkrankung Brustkrebs aufmerksam zu machen, vor allem auf die vorhandenen Möglichkeiten der Früherkennung. Sicherlich halten nicht alle Rezepte ernährungswissenschaftlichen Erkenntnissen stand, aber Essen als Genuss, als Festlichkeit und Ausdruck von Lebensqualität ist selbst jedem Kranken Medizin. Insofern ist der Beitrag der deutschen Chefärzte zweifach anerkennenswert: Sie unterstützen zum einen die Arbeit der Aktion Bewusstsein für Brustkrebs e.V., zum anderen tragen sie dazu bei, die Lieblingsgerichte auszuprobieren, gemeinsam zu schlemmen und Schmackhaftes zu genießen.

Ich gehe davon aus, dass das Benefiz-Kochbuch viel Aufmerksamkeit erfährt, zur Freude derer, die es erwerben, und zum finanziellen Gewinn der Aktion Bewusstsein für Brustkrebs, um die wichtige Arbeit fortzuführen und auszubauen.

Mit besten Grüßen und Genuss ohne Reue

Ihre

Hilde Schulte
Bundesvorsitzende der Frauenselbsthilfe nach Krebs

Grusswort der Deutschen Krebsgesellschaft

Liebe Leserin,
lieber Leser,

es ist bisher einmalig, dass Experten auf dem Gebiet der Krebsforschung und -behandlung ihre Lieblingsspeisen und Kochkünste, mit denen sie sich teilweise in ihrer Freizeit beschäftigen, preisgeben.

Sie unterstützen damit die „Aktion Bewusstsein für Brustkrebs" in ihrem Bemühen um die Förderung der Früherkennung von Brustkrebs in Deutschland.

Die Deutsche Krebsgesellschaft ist langjähriger Kooperationspartner der „Aktion Bewusstsein für Brustkrebs" und fördert dieses besondere Kochbuch-Projekt.

Ich möchte mein Motto „Wer gut informiert ist, lebt länger" vielleicht ergänzen durch „... und wer sich gut und gesund ernährt, lebt besser!"

Aus dem Erlös dieses Benefiz-Kochbuchs gehen 2 Euro an Projekte zur Brustkrebs-Früherkennung. Durch den Kauf des Buches unterstützen Sie unsere Arbeit.

Beim „Nachkochen" wünsche ich Ihnen viel Erfolg, Genuss und Freude.

Ihr

Prof. Dr. Dr. h.c. Manfred Kaufmann
Vizepräsident Deutsche Krebsgesellschaft e.V.

Früherkennung und Behandlung von Brustkrebs

Brustkrebs ist in Deutschland die häufigste Krebserkrankung bei Frauen. Jede 10. Frau muss damit rechnen, im Laufe ihres Lebens an Brustkrebs zu erkranken. Damit geht dieses Thema jede Frau an, denn über 55 000 Frauen werden jedes Jahr mit dieser Erkrankung, die ihr Leben verändert, neu konfrontiert.

Die Diagnose und Therapie des Mammakarzinoms hat sich in den letzten 20 Jahren stetig weiterentwickelt und ermöglicht heute eine Vielzahl von individuellen Behandlungskonzepten. Aufgrund der Komplexität der systemischen Brustkrebserkrankung erfordert die Behandlung von Patientinnen mit Brustkrebs eine interdisziplinäre Zusammenarbeit aller beteiligten Facharztgruppen.

Um die Behandlungsergebnisse entscheidend zu verbessern und um letztendlich die Sterblichkeit bei Brustkrebs dauerhaft zu senken, bedarf es einer effektiven Kommunikation und der qualitätsgesicherten Zusammenarbeit aller Beteiligten unter aktiver Einbeziehung der aufgeklärten Patientin.

Wesentliche Schritte zur Verbesserung der Strukturen einer effizienten Brustkrebsversorgung sind die Optimierung der Früherkennung nach aktuellen medizinischen Leitlinien, die interdisziplinäre Behandlung in Qualitäts-zertifizierten Brustzentren auf Basis der Leitlinie „Diagnostik, Therapie und Nachsorge des Mammakarzinoms der Frau" und ein Qualitätsmanagementsystem sowie die kontinuierliche Stärkung des Bewusstseins für Brustkrebs in der Öffentlichkeit.

Deutschland hat in der Früherkennung von Brustkrebs sicher noch Nachholbedarf im Vergleich z. B. zu Holland und den skandinavischen Nachbarländern. Hier hat sich in der Gesundheitspolitik und bei den medizinischen Fachgesellschaften – auch durch den Druck der Selbsthilfeorganisationen – in den letzten Jahren viel geändert.

Zurzeit wird in Deutschland ein flächendeckendes, qualitätsgesichertes Mammographie-Screening für Frauen im Alter von 50-69 Jahren eingeführt. Allerdings sind viele Frauen darüber noch nicht ausreichend informiert, was die Akzeptanz gefährden kann.

Die Deutsche Krebsgesellschaft und die Deutsche Gesellschaft für Senologie haben die Brustkrebs-Früherkennung in Deutschland in Zusammenarbeit mit den medizinischen Fachgesellschaften und den Patientenorganisationen reformiert und die Voraussetzungen für ein multidisziplinäres, qualitätsgesichertes und sektorübergreifendes nationales Brustkrebs-Früherkennungsprogramm geschaffen. Die Aktion Bewusstsein für Brustkrebs war daran ebenfalls beteiligt.

Ein wesentlicher Bestandteil sind die mittlerweile zahlreichen zertifizierten Brustkrebszentren, in denen an Brustkrebs erkrankte Frauen von einem interdisziplinären Ärzteteam nach aktuellen, evidenzbasierten Therapiekonzepten behandelt werden. Die Transparenz und Qualität der medizinischen Leistung wird damit für die Patientin wesentlich verbessert.

„Wer gut informiert ist, lebt länger!"

Aktion Bewusstsein für Brustkrebs e.V. – seit 1995

Brustkrebs ist trotz seiner Häufigkeit teilweise in der Gesellschaft immer noch ein Tabu. Das Thema wird von vielen gesunden Frauen verdrängt, in der Hoffnung, davon nicht betroffen zu sein. Die Zielsetzung der Aktion Bewusstsein für Brustkrebs e.V. ist daher die Aufklärung über Brustkrebs, um durch besseres Verständnis die Angst zu nehmen und die Erkrankung in der Öffentlichkeit weiter zu enttabuisieren.

Die Aktion Bewusstsein für Brustkrebs e.V. wurde 1995 auf Initiative von Prof. Dr. Dr. h.c. Manfred Kaufmann, Frankfurt/M., gegründet und ist seit Januar 2004 ein eigenständiger, gemeinnütziger Verein zur Förderung der öffentlichen Gesundheit, mit dem Ziel, alle Frauen in Deutschland über die Entstehung von Brustkrebs, über Risikofaktoren, Vorbeugungs- und Früherkennungsmöglichkeiten und über aktuelle Behandlungsmethoden von Brustkrebs allgemeinverständlich zu informieren.

Kooperationspartner der Aktion sind die Deutsche Krebsgesellschaft, die Deutsche Krebshilfe, die Deutsche Gesellschaft für Senologie, der Berufsverband der Frauenärzte, der Krebsinformationsdienst KID des Deutschen Krebsforschungszentrums, die Frauenselbsthilfe nach Krebs, begleitet von einem wissenschaftlichen Beirat von führenden Brustkrebsexperten und Vertretern medizinischer Fachgesellschaften. Weitere Förderer und Sponsoren sind Unternehmen der forschenden Pharma-Industrie und Kosmetikfirmen.

Die Aktion Bewusstsein für Brustkrebs e.V. hat sich drei Aufgaben gestellt:

Informieren – Angst nehmen – Früherkennung fördern

Es ist unser Ziel, durch allgemein verständliche Aufklärung und Information von gesunden und betroffenen Frauen sowie der interessierten Öffentlichkeit und durch besseres Verständnis die Angst zu nehmen und in der Öffentlichkeit mehr Bewusstsein für Brustkrebs zu schaffen.

Ein weiteres Ziel ist die Förderung der Teilnahme von Frauen an Maßnahmen zur Brustkrebs-Früherkennung – durch Motivation zu stärkerem Körper- und Brustbewusstsein. Alle Frauen sollen dazu bewegt werden, die Brustkrebs-Früherkennung als Chance zu sehen und sich bewusster damit auseinanderzusetzen.

Da die Entstehung von Brustkrebs bisher eigentlich nicht verhindert werden kann, ist die Früherkennung sehr wichtig. Jede gesunde Frau sollte wissen, dass eine Brustkrebserkrankung heilbar ist, wenn sie früh erkannt und richtig behandelt wird – auch kann heute in den meisten Fällen brusterhaltend operiert werden. Dazu bedarf es einer breiten Information der Öffentlichkeit, die bisher noch nicht ausreichend ist.

In jungen und mittleren Jahren befassen sich die Menschen nicht gerne mit schweren und chronischen Krankheiten; erst im zunehmenden Alter nimmt das Bewusstsein dafür zu. Brustkrebs ist zudem sehr stark mit Angst besetzt und wird immer noch mit dem Verlust der Brust und baldigem Tod assoziiert.

Gerade deshalb ist es so wichtig, das Bewusstsein für Brustkrebs in der Öffentlichkeit zu stärken, über die Heilungschancen bei einer Früherkennung zu informieren und die Krankheit in der Gesellschaft weiter zu enttabuisieren.

Im Vordergrund unserer Aktivitäten steht die Brustkrebs-Früherkennung. Dazu stellt die Aktion Bewusstsein für Brustkrebs auf Anfrage Informationen für gesunde und betroffene Frauen in verschiedenen Broschüren, unserem Newsletter „Brust bewusst" mit aktuellen Themenbeiträgen und Anleitungen zum Selbstabtasten der Brust, zur Verfügung.

Da in Deutschland immer noch 70 – 80 % der Knoten in der Brust von den Frauen selbst getastet werden – also nur etwa 20 % werden bei einer Mammographie oder im Rahmen der bisherigen Krebsfrüherkennungsuntersuchung entdeckt –, motivieren und informieren wir über die Anleitung zum regelmäßigen Selbstabtasten der Brust. Mit dieser Maßnahme sollen Frauen mehr Körperbewusstsein entwickeln und angstfrei ihren Körper besser kennenlernen, um eventuell auftretende Veränderungen frühzeitig beim Frauenarzt abklären zu lassen.

Von 5 getasteten Knoten sind 4 gutartig!

Das regelmäßige Selbstabtasten der Brust dient also auch der Bewusstseinsförderung und stärkt die aktive Rolle der Frau für ihre Gesundheit. Das Selbstabtasten der Brust ist jedoch kein Ersatz für die Mammographie und die ärztlichen Brustkrebs-Früherkennungsuntersuchungen.

„Brust bewusst – Selbstabtasten mit Fingerspitzengefühl"

„Brust bewusst – Selbstabtasten mit Fingerspitzengefühl"

Der Inhalt dieses ansprechenden Informations- und Motivationsfilms hat eine klare Botschaft:

Körperbewusstsein ist auch Brustbewusstsein. Frauen, die ihren Körper kennen, wissen, wann es ihm gut geht und wann nicht. Mit der Brust ist es dasselbe: Brustbewusstsein – ganz positiv – ist ein Schritt zur Brustgesundheit.

In „Brust bewusst" vermittelt eine junge Frau ihrer Freundin die einfache Methode des regelmäßigen Selbstabtastens der Brust.

Das Thema ist eingebunden in eine ansprechende Spielhandlung.
In angenehmer Atmosphäre. Von Frau zu Frau.
Dabei anschaulich und leicht verständlich und vor allem:
Ohne Scheu und angstfrei.

Als wichtiger Teil der aktiven Vorsorge für eine gesunde Brust – so selbstverständlich wie Zähne putzen.

Der Film richtet sich an alle interessierten Frauen, die Öffentlichkeit und an Ärzte in Klinik und Praxis.

Die Produktion steht als DVD und Video-CD (PC kompatibel) zum Selbstkostenpreis von 7 € (zzgl. 3,90 € Versand) zur Verfügung. Bitte wenden Sie sich an:

Aktion Bewusstsein für Brustkrebs e.V.
Dr. Dieter Alt
Untere Kippstraße 21
69198 Schriesheim
Tel: 06220 – 91 26 33
Fax: 06220 – 91 26 79
E-Mail: info@brust-bewusst.de
Internet: www.brust-bewusst.de

Dazu haben wir für interessierte Frauen den aktuellen, 3-teiligen

DVD-Film „Brust bewusst – Selbstabtasten mit Fingerspitzengefühl"

produziert, der u. a. von der Deutschen Krebsgesellschaft und dem Berufsverband der Frauenärzte empfohlen und auch von niedergelassenen Frauenärzten für die Praxis stark nachgefragt wird. Für Interessierte ist der DVD-Film „Brust bewusst" zum Selbstkostenpreis von 7 Euro (zuzüglich 3,90 Euro Versandkosten) auf Anfrage erhältlich.

Einen Schwerpunkt unserer Aktivitäten bilden Informationsveranstaltungen zum Thema „Gesundheit für Frauen – Was jede Frau über die Früherkennung von Brustkrebs wissen sollte", die wir seit Jahren für interessierte Mitarbeiterinnen in Unternehmen, Betrieben und Behörden durchführen.

Dies geschieht meist in Zusammenarbeit mit dem Betriebsarzt, der Frauenbeauftragten, dem Betriebsrat und der Geschäftsleitung. Auch in den Rathäusern und Gemeindezentren von Kleinstädten, in Kirchengemeinden und bei Frauenvereinen, z. B. den Landfrauen, finden diese Veranstaltungen eine große Resonanz und bieten gesunden Frauen eine gute Möglichkeit, sich in einer interaktiven Gesprächsrunde detailliert zu informieren.

Darüber hinaus nimmt die Aktion Bewusstsein für Brustkrebs als Partner bundesweit an medizinischen Fachkongressen und an Patientenveranstaltungen in Zusammenarbeit mit Brustzentren und Krankenhäusern teil.

Auf Anfrage per Telefon, Fax oder Internet stellen wir interessierten gesunden und betroffenen Frauen unser umfangreiches Informationsmaterial zur Verfügung.

Aktion Bewusstsein für Brustkrebs

Kontaktadresse:

Aktion Bewusstsein für Brustkrebs e.V.
Untere Kippstraße 21
69198 Schriesheim
Tel.: 06220 – 91 26 33
Fax: 06220 – 91 26 79
E-Mail: info@brust-bewusst.de
Internet: www.brust-bewusst.de

Prof. Dr. Dr. h.c. Manfred Kaufmann
Gründer und Vorsitzender

Dr. Dieter Alt
Gründungsmitglied und Geschäftsführer

Johann Lafer

Grusswort

Ein Kochbuch von Chefärzten, das der Gesundheit von Frauen gewidmet ist, ist eine originelle und bisher wohl einmalige Idee.

Ich gratuliere allen Kochbuchautoren zu ihren einfallsreichen Gerichten und leiste mit meinem Rezept sehr gerne dazu einen Beitrag. Besonders beeindruckend finde ich die ungewöhnliche Aufmachung dieses Kochbuchs mit seinen abwechslungsreichen und kreativen Darstellungen der unterschiedlichen Gerichte.

Kochen ist für mich mehr als bloße Nahrungszubereitung. Kochen bedeutet für mich Ehrfurcht vor guten, unverfälschten Produkten und große Sorgfalt bei der Zubereitung. Wo kann man sonst, unter diesen Voraussetzungen, seiner Kreativität einen so schmackhaften Lauf lassen wie beim Kochen?

Den Herausgebern wünsche ich, dass das Benefiz-Kochbuch „Lieblingsgerichte deutscher Chefärzte" viele am Kochen interessierte Frauen und Männer erreicht, damit durch den Erlös die wichtige Arbeit der Aktion Bewusstsein für Brustkrebs bei der Förderung der Früherkennung von Brustkrebs in Deutschland unterstützt wird.

Mit besten Grüßen und viel Freude am Kochen

Ihr

Johann Lafer

Prominenter Star- und Sternekoch mit zahlreichen Auszeichnungen

Geboren 1957 in St. Stefan im Rosental bei Graz (Österreich)
Verheiratet mit Silvia Buchholz-Lafer
Ein Sohn und eine Tochter

Johann Lafer – ein Koch-Phänomen:
Er hat sich Sterne erkocht, Goldmedaillen gewonnen, Festbankette der Uno-Vollversammlung ausgerichtet, internationale Galaempfänge kulinarisch verantwortet, Kochsendungen zu Kultsendungen stilisiert, Kochbücher zu Bestsellern gemacht und ein ebenso idyllisches wie ausgeklügeltes Genießer-Imperium am Fuße des Hunsrücks auf der Stromburg aufgebaut.

Johann Lafer – ein Missionar in Sachen Ernährung und Lebensqualität aus der Verbindung von innovativen und eigenständigen Ideen und der Qualität stets sorgfältig ausgewählter Produkte.

Kochen mit Spaß als leidenschaftliche Lebensaufgabe – privat ein begeisterter Helikopterpilot

Holunderblüten-Quark-Mousse mit Balsamicobeeren*

Zubereitung

Wasser, 70 g Zucker und die Zitronenscheiben aufkochen lassen, über die Holunderblüten gießen, abermals aufkochen und anschließend 30 Minuten ziehen lassen. Den Sud durch ein feines Tuch gießen.

Gelatine ca. 5 Minuten in kaltem Wasser einweichen, gut ausdrücken und in dem noch warmen Holunderblütensirup auflösen. Den Quark zugeben, alles gut verrühren und erkalten lassen.
Die geschlagene Sahne vorsichtig unter die Quarkmasse heben.
Die Mousse in Silikonförmchen füllen, mit Folie abdecken und ca. 2 Stunden in den Kühlschrank stellen.

In der Zwischenzeit den Balsamico-Essig mit Rotwein und 60 g Zucker verrühren und auf ein Drittel einkochen lassen.

Die Beeren putzen und mit 3 – 4 EL der Balsamicoreduktion vermischen.

Holunderblüten-Quark-Mousse vorsichtig aus den Förmchen stürzen und mit den Beeren anrichten. Den restlichen Balsamico-Sirup dekorativ darüber träufeln und eventuell mit einigen abgezupften Holunderblüten bestreut servieren.

Zutaten (für 4 – 6 Personen)

60 ml Wasser

130 g Zucker

2 Zitronenscheiben

30 g Holunderblüten

3 Blatt Gelatine

250 g Quark

140 g geschlagene Sahne

100 ml Balsamico-Essig

100 ml Rotwein

250 g gemischte Beeren (z. B. Erdbeeren, Heidelbeeren, Himbeeren)

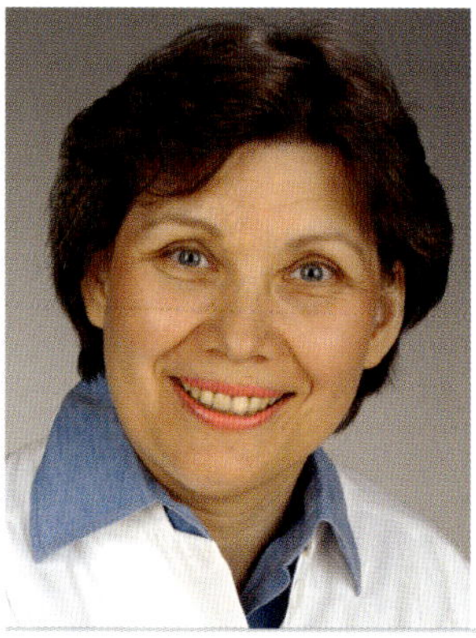

Elisabeth Höfler

Leiterin der Diätschule und Ernährungsberatung (seit 1995)
Vinzenz von Paul Kliniken – Marienhospital Stuttgart

Geboren 1958 in Durchhausen (Schwarzwald-Baar-Kreis)

Verheiratet

Ausbildung zur Diätassistentin an der Diätschule am Marienhospital in Stuttgart

Diätassistentin an der Klinik Buchinger in Überlingen am Bodensee

Ausbildung zur staatl. anerk. Lehrkraft für Diätassistenten am Klinikum Charlottenburg der Freien Universität Berlin und an der Pädagogischen Hochschule

Lehrtätigkeit an der Diätschule des Marienhospitals Stuttgart

Weitere Tätigkeiten (Auswahl):
Mitarbeit bei der Novellierung des Berufsgesetzes und der Ausbildungs- und Prüfungsordnung für Diätassistenten
1990 – 1996 Sprecherin der Arbeitsgemeinschaft Leitender Lehrkräfte an Diätschulen
Referentin bei Fort- und Weiterbildungen

Seit 1992 Dozentin bei den begleitenden Unterrichtsveranstaltungen für Apotheker am Pharmazeutischen Institut der Universität Tübingen

Veröffentlichungen in Fachzeitschriften, Fachbüchern, Schulungs- und Beratungsmaterialien

Nachgefragt

Traumberufe
Floristin oder Apothekerin

Lieblingsstadt
New York

Lieblingsfilm
„Babettes Fest"

Lieblingsbuch
„Am Bodensee als Maler unterwegs" von Werner Rosenbusch

Lieblingsmusik
Klassik und Jazz besonders Oskar Peterson

Stärken
Geduld, Verbindlichkeit

Schwächen
Ich arbeite zu viel

Freizeitbeschäftigung
Reisen, Museen, Pilze sammeln im Schwarzwald

Sport
Schwimmen und Nordic Walking

Lebensmotto
„Think what's possible."

Gesunde Ernährung

– Gesund Essen und Trinken als Auftrag und Herausforderung –

Ernährungswissenschaftlich betrachtet, ist die Antwort auf die Frage: „Was ist eine gesunde Ernährung?" recht einfach zu geben. Man nehme dazu die von der Deutschen Gesellschaft für Ernährung (DGE) veröffentlichten Referenzwerte für die Energie- und Nährstoffzufuhr, orientiere sich an der zutreffenden Personengruppe und lese die „Empfehlungen" für die Energie- und Nährstoffzufuhr.
Viel schwerer lässt sich hingegen die Frage im Alltag beantworten. Wer ernährt sich nach Tabellen und verfolgt mit kritischem Blick detaillierte Angaben über Nährstoffmengen? Die meisten von uns essen und trinken einfach.

Ernährungswissenschaftliche Empfehlungen sind eine wichtige Voraussetzung. Sie sind das „Werkzeug" und die wissenschaftliche Basis für Experten. Sie sind für den Verbraucher jedoch nicht transparent und können deshalb nicht ohne Weiteres in die tägliche Kochpraxis übertragen werden. Voraussetzung für das Verständnis sind daher verbrauchergerechte und alltagsorientierte Empfehlungen, die eine vielfältige Auswahl verschiedener Lebensmittel, Zubereitungsverfahren, ja einen individuellen Ernährungsstil zulassen. Denn Essen und Trinken begleiten uns jeden Tag aufs Neue.

Mit dem zunehmenden Gesundheitsbewusstsein in einer breiten Öffentlichkeit ist gesunde Ernährung heute mehr denn je in den Blickpunkt gerückt. Auch im Zusammenhang mit der erschreckenden Verbreitung ernährungsabhängiger Erkrankungen wie Adipositas und den damit verbundenen Folgeerkrankungen ist eine gesunde Ernährung Auftrag und Herausforderung zugleich.

Alle Verantwortlichen in Gesellschaft und Familie sind gleichermaßen aufgefordert, auf bessere Bedingungen und auf ein höheres Maß an Eigenverantwortung hinzuwirken. Gesunde Ernährung ist ein wichtiger Bestandteil eines gesunden Lebensstils. Dies gilt umso mehr, da zunehmend gerade in jungen Lebensjahren Adipositas mit folgenschweren Auswirkungen auf Stoffwechsel, Herz und Kreislauf sowie auf den Bewegungsapparat einwirken. Auch Essstörungen, z. B. Anorexie und Bulimie, sind mit einem risikoreichen Ernährungsstil verknüpft und bergen ein hohes Maß an Gesundheitsrisiken für den Körper.

Der Grundgedanke nach einer gesunden und optimalen Ernährung hängt nicht nur an ernährungswissenschaftlichen Maßstäben. Essen und Trinken ist auch ein Bestandteil sozialer und kultureller Handlungen. Speisen und Getränke prägen den Charakter von Landschaften und Regionen, heben Feste vom Alltag ab, sind Ausdruck für Genuss und gemeinsam Erlebtem.

Das Lebensmittelsortiment ist so vielseitig wie noch nie. In den letzten drei Jahrzehnten haben uns immer mehr neue Lebensmittel aus anderen Ländern erreicht und der Lebensmittelindustrie ist es durch moderne Technologien gelungen, immer mehr neue Produkte auf dem Markt zu etablieren. Unsere Küchen wurden bereichert und die Esskultur neu geprägt.

Essen hat Konjunktur: Vermarktet in unzähligen Ernährungsratgebern, Kochbüchern und Kochsendungen erreichen uns täglich vielfältige und manchmal auch widersprüchliche Informationen über die Medien. Noch nie gab es in Deutschland so viele ausgezeichnete Gourmet-Restaurants.

Doch es gibt auch bedenkliche Entwicklungen: Finanzielle Engpässe in den Haushalten haben entscheidende Auswirkungen auf die Lebensmittelauswahl. Einseitige und unregelmäßige Ernährung sind oft die Folgen. Besonders kritisch wird es, wenn unzureichendes Wissen, mangelhafte Kochkenntnisse und gering ausgeprägte hauswirtschaftliche Kompetenzen dazukommen.

Gute wie schlechte Essgewohnheiten werden bereits im Kindesalter geprägt. Sie verfestigen sich und können im Erwachsenenalter nicht ohne Weiteres verändert werden. Daraus resultiert die Erkenntnis, dass gesunde Ernährung und ein insgesamt gesunder Lebensstil bereits im frühen Kindesalter und in allen Phasen der schulischen Entwicklung sorgfältig und verantwortungsvoll eingeübt werden müssen. Gesund Essen und Trinken sind hier ein besonders wichtiger Auftrag und eine Herausforderung für Elternhaus und Schule.

Gesunde Ernährung praktizieren – „Learning by doing“

Wie eine vollwertige Lebensmittelauswahl für eine gesunde Ernährung umgesetzt werden kann, ist im Ernährungskreis der Deutschen Gesellschaft für Ernährung (DGE) konkret ablesbar. Dargestellt sind in sieben Segmenten eine abwechslungsreiche Lebensmittelauswahl und die Mengenverhältnisse für jede Lebensmittelgruppe.

Der Ernährungskreis* im Überblick:

Segment 1: *Brot, Getreide, Getreideerzeugnisse und Kartoffeln*

Segment 2: *Gemüse, Salat*

Segment 3: *Obst*

Segment 4: *Milch, Milchprodukte und Käse*

Segment 5: *Fleisch, Wurst, Fisch und Ei*

Segment 6: *Fette und Öle*

Segment 7: *Getränke*

Gesund und vollwertig Essen – leicht gemacht

Wählen Sie täglich Lebensmittel aus allen sieben Gruppen aus! Damit gelingt Ihnen ein gesunder Mix und der Körper erhält alle lebensnotwendigen Nährstoffe: Eiweiß, Fett, Kohlenhydrate, Ballaststoffe, Wasser, Vitamine, Mineralstoffe und sekundäre Pflanzenstoffe.

** DGE-Ernährungskreis®, Copyright: Deutsche Gesellschaft für Ernährung e.V., Bonn*

Wechseln Sie innerhalb der jeweiligen Lebensmittelgruppe ab! Das bringt Abwechslung in Ihr Essen und Sie können das jahreszeitliche und regionale Marktangebot genießen.

Berücksichtigen Sie die Mengenverhältnisse! Greifen Sie bei den pflanzlichen Lebensmitteln mehrmals täglich zu. Sie sind abgebildet in den Segmenten 1, 2 und 3. Mit diesen Lebensmitteln schaffen Sie leicht eine gesunde, vollwertige Basis. Vorteile dieser Lebensmittel: Sie sättigen und liefern reichlich Stärke und Ballaststoffe, viele Vitamine, Mineralstoffe und sekundäre Pflanzenstoffe.

Die Segmente 4 und 5 beinhalten Lebensmittel tierischer Herkunft: Milch, Milchprodukte, Käse, Fleisch, Wurst, Fisch und Eier. Bei diesen Lebensmitteln ist es wichtig, auf die Verzehrmengen zu achten. Fettarme Produkte sind vorteilhaft.

Das 6. Segment gibt Auskunft über Speisefette und Speiseöle. Hier kommt es entscheidend auf die Auswahl und Menge an.

Das zentrale 7. Segment befasst sich mit den Getränken. Mindestens 1,5 l Flüssigkeit sind gefragt. Am besten wählen Sie Mineralwasser und Tee, also die energiefreie Variante.

Tabelle 1: **Verzehrempfehlungen für Erwachsene zur Orientierung für einen Tag**

Lebensmittelauswahl	**Mengenangabe für Erwachsene**
Getreide, Getreideerzeugnisse, Kartoffeln	*200 – 300 g Brot (4 – 6 Scheiben) oder 150 – 250 g Brot (3 – 5 Scheiben) und 50 – 60 g Getreideflocken 200 – 250 g Kartoffeln oder 200 g Teigwaren, gekocht oder 150 – 180 g Reis, gekocht Vollkornprodukte bevorzugen!*
Gemüse, Salat	*400 g Gemüse oder mehr, verarbeitet zu Rohkost oder in gegarter Form*
Obst	*2 – 3 Obstportionen (250 g oder mehr)*
Milch- und Milchprodukte	*200 – 250 g Milch/Joghurt und 50 – 60 g Käse fettarme Produkte bevorzugen*
Fleisch, Wurst, Fisch, Ei	*Pro Woche: Fleisch und Wurst: insgesamt 300 – 600 g fettarme Sorten Fisch: Seefisch fettarm 80 – 150 g (Seelachs, Rotbarsch, Schellfisch) und Seefisch fettreich 70 g (Lachs, Hering, Makrele) bis zu 3 Eier (inklusive verarbeitetes Ei)*
Streichfette und Pflanzenöle	*Täglich 15 – 30 g Butter oder Margarine als Streichfett und 10 – 15 g hochwertiges Pflanzenöl, z. B. Raps-, Soja-, Oliven- und Walnussöl*
Getränke	*mind. 1,5 l Flüssigkeit energiefreie oder energiearme Getränke: z. B. Mineralwasser, Kräuter- und Früchtetee, Kaffee, verdünnte Obstsäfte, Gemüsesäfte*

In der Tabelle 1 sind Vorschläge für jede Lebensmittelgruppe mit entsprechenden Mengenangaben enthalten.

Süßigkeiten, Snacks und alkoholische Getränke sind keine Grundnahrungsmittel. Sie liefern dem Körper viele Kalorien, machen jedoch nicht satt und enthalten keine wertgebenden Inhaltsstoffe wie beispielsweise Vitamine und Mineralstoffe. Essen und trinken Sie diese bewusst und in kleinen Mengen. Sie sind kein Mahlzeitenersatz sondern ein Genussfaktor.

Gesunde Alternativen für Snacks und Süßigkeiten sind vorwiegend Obst und Milchprodukte. Sie eignen sich besonders gut als schnelle Zwischenmahlzeit und sind ideale Fitmacher.

Mit diesen Empfehlungen wird ein wichtiges Ziel verfolgt:

Gute Alternativen statt strikter Verbote!

Damit ist eine wichtige Forderung im Hinblick auf eine insgesamt gesündere Ernährung erfüllt. Nicht das einzelne Lebensmittel oder ein bestimmtes Gericht werden bewertet, sondern ausschlaggebend für die Beurteilung einer Kost sind die regelmäßig und überwiegend verzehrten Lebensmittel. Dadurch könnte so manche Diskussion am Familientisch und bei festlichen Anlässen über „gesunde" und „ungesunde" Lebensmittel versachlicht werden.

Die Deutsche Gesellschaft für Ernährung (DGE) hat die Empfehlungen auf den Punkt gebracht und unterstützt uns mit einfachen und praxisnahen Regeln für eine vollwertige Ernährung:

Tabelle 2: **Grundumsatz nach Referenzwerten für die Nährstoffzufuhr, DGE**

Alter	Grundumsatz für Männer kcal/Tag	Grundumsatz für Frauen kcal/Tag
19 – 24 Jahre	1820	1390
25 – 50 Jahre	1740	1340
51 – 64 Jahre	1580	1270
65 Jahre und älter	1410	1170

Vollwertig essen und trinken nach den 10 Regeln der DGE

Regel 1	*Vielseitig essen*
Regel 2	*Reichlich Getreideprodukte und Kartoffeln*
Regel 3	*Gemüse und Obst – Nimm „5 am Tag"*
Regel 4	*Täglich Milch und Milchprodukte, 1- bis 2-mal in der Woche Fisch; Fleisch, Wurstwaren sowie Eier in Maßen*
Regel 5	*Wenig Fett und fettreiche Lebensmittel*
Regel 6	*Zucker und Salz in Maßen*
Regel 7	*Reichlich Flüssigkeit*
Regel 8	*Schmackhaft und schonend zubereiten*
Regel 9	*Nehmen Sie sich Zeit, genießen Sie Ihr Essen!*
Regel 10	*Achten Sie auf Ihr Gewicht und bleiben Sie in Bewegung!*

Gelingt in der täglichen Kochpraxis die Umsetzung, sind die Grundlagen für eine gesunde, vollwertige Ernährung gegeben. Dies ist mit handelsüblichen Lebensmitteln möglich. Gesunde bedürfen darüber hinaus keiner weiteren Optimierung durch die regelmäßige Verwendung von Nahrungsergänzungsmitteln oder diätetischen Lebensmitteln. Sie sind für bestimmte Lebenssituationen geeignet, die mit einem erhöhten Bedarf oder einer unzureichenden Zufuhr verbunden sind. Die Auswahl und Dosierung richtet sich nach individuellen Erfordernissen. Eine gute Beratung ist dafür die Grundlage.
Beispiele: Rekonvaleszenz, Schwangerschaft und Stillzeit, ernährungs- und krankheitsbedingte Mangelerscheinungen, Immunschwäche oder chronische Erkrankungen.

Tabelle 3: **Täglicher Energieumsatz unter Berücksichtigung unterschiedlicher Berufs- und Freizeitaktivitäten nach Referenzwerten für die Nährstoffzufuhr, DGE**

Arbeitsschwere und Freizeitverhalten	PAL-Wert	Beispiele
Ausschließlich sitzende oder liegende Lebensweise	*1,2*	*Alte, gebrechliche Menschen*
Ausschließlich sitzende Tätigkeit mit wenig oder keiner anstrengenden Freizeitaktivität	*1,4 – 1,5*	*Büroangestellte, Feinmechaniker*
Sitzende Tätigkeit, zeitweilig auch zusätzlicher Energieaufwand für gehende und stehende Tätigkeiten	*1,6 – 1,7*	*Laboranten, Kraftfahrer, Studierende, Fließbandarbeiter*
Überwiegend gehende und stehende Arbeit	*1,8 – 1,9*	*Hausfrauen, Verkäufer, Kellner, Mechaniker, Handwerker*
Körperlich anstrengende berufliche Arbeit	*2,0 – 2,4*	*Bauarbeiter, Landwirte, Waldarbeiter, Bergarbeiter, Leistungssportler*

Körpergewicht und Energie

Als Standard zur Berechnung und Beurteilung des Körpergewichts beim Erwachsenen hat sich der Body-Mass-Index (BMI) durchgesetzt. Mit Hilfe eines Nomogramms lässt sich im alltäglichen Gebrauch der BMI schnell ablesen.

Berechnet wird der BMI mit der Formel:
BMI = Körpergewicht [kg]/ Körperlänge [m]².

Für die Beurteilung des Körpergewichts gilt:

Untergewicht:	< 18,5	
Normalgewicht:	***18,5 – 24,9***	
Übergewicht:	präadipös	25,0 – 29,9
	Adipositas	
	– Grad 1	30,0 – 34,9
	– Grad 2	35,0 – 39,9
	– Grad 3	> 40

Der tägliche Energiebedarf setzt sich im Wesentlichen aus dem Grundumsatz und dem Arbeitsumsatz zusammen. Die Thermogenese hat eine geringe Bedeutung.

Ein zusätzlicher Energiebedarf besteht während Wachstum, Schwangerschaft und Stillzeit.

Unser Ziel: Die Energiebilanz muss stimmen!

Wer nicht zunehmen möchte, muss darauf achten, dass die Energiezufuhr und der Energieverbrauch im Gleichgewicht liegen. Um dieses Gleichgewicht halten zu können, benötigen wir einerseits eine Vorstellung über die im Lebensmittel enthaltene Energiemenge und andererseits über den Energieverbrauch durch gezielte Aktivitäten im Alltag oder durch Freizeitsport.

Beispielsweise verbrauchen wir in 30 Minuten beim Spazierengehen 375 kJ (90 kcal), in der Gymnastik 630 kJ (150 kcal), beim Schwimmen und Radfahren 825 kJ (200 kcal), beim Laufen 1260 kJ (300 kcal).

Dagegen steht die Energieaufnahme von beispielsweise einer Praline mit 220 kJ (50 kcal), einem Stück Torte mit i. D. 1260 kJ (300 kcal) oder einer Portion Pommes frites mit 150 g 1325 kJ (320 kcal) zu Buche.
Auch Getränke sind Energieträger: Säfte und Limonaden pro Glas (0,2 l) zwischen 310 kJ (70 kcal) und 420 kJ (100 kcal), Bier (0,25 l) i. D. 420 kJ (100 kcal), Wein (0,25 l) i. D. 740 kJ (180 kcal).

Tabelle 4: **Empfehlungen für den täglichen Energiebedarf bei leichter körperlicher Tätigkeit (PAL-Wert 1,4) nach Referenzwerten für die Nährstoffzufuhr, DGE**

Alter	Männer	Frauen
19 – 24 Jahre	*10500 kJ / 2500 kcal*	*7980 kJ / 1900 kcal*
25 – 50 Jahre	*10080 kJ / 2400 kcal*	*7980 kJ / 1900 kcal*
51 – 65 Jahre	*9240 kJ / 2200 kcal*	*7560 kJ / 1800 kcal*
über 65 Jahre	*8400 kJ / 2000 kcal*	*6720 kJ / 1600 kcal*

Der Grundumsatz – Basal Metabolic Rate (BMR) beinhaltet die Energiemenge, die zur Aufrechterhaltung der Körperfunktionen benötigt wird, z. B. für Stoffwechselvorgänge, Erhaltung der Organfunktionen und Körpertemperatur. Faktoren, die Einfluss auf den Grundumsatz haben, sind: Alter, Geschlecht, Körpergröße, Körpergewicht, Klima und die Hormone der Schilddrüse. Besonders auffallend ist, dass der Grundumsatz bei Frauen geringer ist als bei Männern und dass er mit zunehmendem Lebensalter abnimmt.

Der Arbeitsumsatz – Physical Activity Level (PAL) ist abhängig vom Ausmaß der körperlichen und sportlichen Tätigkeit. Eine erhöhte körperliche Aktivität, durch mehr Bewegung im Alltag oder durch sportliche Aktivitäten, führt zur Steigerung des Energieverbrauches. Wer also sein Gewicht halten oder reduzieren will, kann das Verhältnis von Energiezufuhr und Energieverbrauch durch eine erhöhte körperliche Aktivität zugunsten des Verbrauchs verschieben. Die Arbeitsschwere und das Freizeitverhalten haben entscheidenden Einfluss auf den Energieumsatz (siehe Tabelle 3).

Da der überwiegende Teil der Bevölkerung in der Bundesrepublik Deutschland leichte körperliche Tätigkeiten ausführt, sind in Tabelle 4 die Angaben für Frauen und Männer unterschiedlicher Altersgruppen angegeben.

Der Energieaufwand für die Thermogenese – Dietary Induces Thermogenesis (DIT) beträgt ca. 5 % vom Grundumsatz.
Für den täglichen Energieverbrauch kann dieser Faktor vernachlässigt werden, auch wenn in verschiedenen Diätvorschlägen zur Gewichtsreduktion immer wieder darauf verwiesen wird.

Weitere Informationen und Broschüren zur Ernährungsberatung:

Deutsche Gesellschaft für Ernährung (DGE):
Ernährungskreis, Infoblätter, Poster etc.
Internet: www.dge.de

aid Infodienst, Verbraucherschutz, Ernährung, Landwirtschaft e. V.:
Ernährungspyramide, Info-Unterlagen zu „5 am Tag“, Broschüren, CD-Rom etc.
Internet: www.aid.de

Dr. Dieter Alt

Geschäftsführer der Aktion Bewusstsein für Brustkrebs e.V. (seit 2001)

Geboren 1946 in Mannheim
Verheiratet seit 1971 mit Frau Jutta, Biologin
Ein Sohn und eine Enkeltochter

Studium der Biologie, Chemie und Physik an der Universität Heidelberg
1973 – 1978 Wissenschaftlicher Mitarbeiter der Biologischen Bundesanstalt in Heidelberg
1978 Promotion im Fachbereich Phytomedizin zum Dr. rer. nat.
1979 – 1986 Produktmanager für Brustkrebs, Prostatakrebs, Depression, Epilepsie und Rheuma bei ICI Pharma, später Zeneca
Von 1986 – 1998 Leiter des Geschäftsbereichs Onkologie und Endokrinologie bei Zeneca

Ehrenamtliche Tätigkeiten:
1980 – 1986 Mitglied im Beirat der „Epilepsie-Liga" und Koordinator für den Friedrich von Bodelschwingh-Preis
1986 – 1990 Mitglied der Deutschen EEG-Gesellschaft
1992 – 1997 Mitglied der Deutschen Krebsgesellschaft

Seit 1983 Begleiter und Berater von Brustkrebs-Selbsthilfegruppen
Seit 1991 Ehrenmitglied und Berater des Bundesverbandes der „Frauenselbsthilfe nach Krebs e.V."
Seit 1995 Gründungsmitglied der „Aktion Bewusstsein für Brustkrebs e.V."
Organisation und Durchführung zahlreicher wissenschaftlicher Symposien und Kongresse im In- und Ausland

Mitherausgeber und Autor von 8 Büchern, 10 Fachbuchbeiträge, 7 DVD-/Video-Produktionen, ca. 25 Publikationen u. a. zur Thematik „Psychoonkologische Nachsorge bei Brustkrebs" und „Endokrine Therapie und Nachsorge des Mammakarzinoms" sowie Phytomedizin

Nachgefragt

Traumberuf
Landschafts- und Tierfilmer

Lieblingsstädte
Kathmandu, New York, Mannheim

Lieblingsfilme
„Der mit dem Wolf tanzt",
„Jenseits von Afrika" und „Das Boot"
Naturfilme von Gogol Lobmayr

Lieblingsbuch
„Der Weltensammler"
von Ilija Trojanow

Lieblingsmusik
Country Music: Michael M. Murphey, Dixie Chicks, Irish und Greek Folk Music

Stärken
Zuverlässig, kontaktfreudig, zielstrebig, offen, berechenbar, treu

Schwächen
Manchmal zu direkt, emotional und beharrlich

Freizeitbeschäftigung
Kochen für Familie und Freunde, individuelle Fernreisen, Fotografieren

Sport
Nordic Walking und Rad fahren

Lebensmotto
„Auf Regen folgt Sonne – alles wird gut!"

Raclette Variationen

„Ein ideales Gericht in geselliger Runde an Herbst- und Wintertagen – auch für ein Silvesteressen mit Freunden sehr gut geeignet."

Zubereitung

Die Vorbereitung der Raclette-Variationen ist etwas zeitaufwendig, dafür ist die Zubereitung einfach – die Gäste kochen selbst in freier Variation der Zutaten.

Die diversen Käsesorten in Scheiben auf die Größe der Pfännchen zuschneiden, fächerförmig und dekorativ auf Holzbrettern anrichten. Die Salamischeiben vierteln, den gekochten Schinken auf Pfannengröße zurechtschneiden und auf Porzellanplatten anrichten. Alle übrigen Zutaten werden kochfertig klein geschnitten und mit den Beilagen auf einzelne kleine und große Schalen verteilt: Räucherlachsscheiben in Streifen, Jacobsmuschelfleisch in dünne Scheiben schneiden; Lachskaviar und Shrimps in Schalen füllen; Zwiebelschalotten klein schneiden; Zucchini und rohe Champignons putzen und in dünne Scheiben schneiden; Oliven in Ringe schneiden; Brokkoli zerteilen und kurz blanchieren; Schinkenwürfel sehr klein schneiden; geschälte Bananen in Scheiben schneiden und die Mandarinenstücke halbieren.

Beilagen

Heiße Pellkartoffeln im Caquelon,
Cocktail-Tomaten, Radieschen, Cornichons,
Maiskölbchen, Perlzwiebeln in Deko-Schalen

Getränke

Schriesheimer Rittersberg 2006
Grauburgunder Spätlese trocken und
Spätburgunder Rotwein Spätlese trocken
Winzergenossenschaft Schriesheim
Espresso und Grappa Barolo

Zutaten (für 6 – 8 Personen)

1 Party-Raclette-Grill mit 6 – 8 Pfännchen und Holzschabern

1 Caquelon (feuerfester Tontopf)

900 g französischer Raclette-Käse

300 g Greyerzer-Käse, 300 g Appenzeller-Käse
200 g Mozzarella-Käse

2,5 kg Kartoffeln, vorwiegend festkochend

150 g Räucherlachs in Scheiben, 150 g gekochte Shrimps

1 Glas Lachs- oder Forellen-Kaviar

3 frische Jacobsmuscheln

150 g Salami, 150 g gekochter Schinken

100 g Bündner Fleisch in Scheiben

100 g geräucherte Schinkenwürfel

150 g frische Champignons

1 Brokkoli, 2 kleine Zucchini

3 Zwiebelschalotten

1 Glas grüne Oliven mit Paprika gefüllt

2 Bananen, 2 Mandarinen, ca. 20 Litschis

Prof. Dr. Michael Bamberg

Ärztlicher Direktor an der Universitätsklinik für Radioonkologie und Leitender Ärztlicher Direktor des Universitätsklinikums Tübingen

Geboren 1947 in Hamm (Westfalen)

Verheiratet seit 1976, zwei Töchter und ein Sohn

Ausbildung zum Arzt und Wissenschaftler auf dem Gebiet Radiologie/Strahlentherapie

Oberarzt an der Strahlenklinik des Universitätsklinikums Essen

Dort Habilitation und Ernennung zum Professor

Seit 1988 Ärztlicher Direktor an der Universitätsklinik für Radioonkologie Tübingen

Für zwei Jahre Dekan an der Medizinischen Fakultät Tübingen, ebenso Sprecher des Interdisziplinären Tumorzentrums Tübingen

1995 – 1997 Vorsitzender des Krebsverbandes Baden-Württemberg

Gründungspräsident der Deutschen Gesellschaft für Radioonkologie DEGRO

Seit 1998 Leitender Ärztlicher Direktor des Universitätsklinikums Tübingen

Seit 2004 Präsident der Deutschen Krebsgesellschaft

Mitglied im wissenschaftlichen Beirat der „Aktion Bewusstsein für Brustkrebs e.V."

Nachgefragt

Traumberuf
Wollte immer Arzt werden

Lieblingsstadt
Rom

Lieblingsfilm
„High Noon"

Lieblingsbuch
„Odyssee" von Homer

Lieblingsmusik
Opern von Wolfgang Amadeus Mozart

Stärken
Durchsetzungsvermögen

Schwächen
Ungeduld

Freizeitbeschäftigung
Engagement in Ehrenämtern

Sport
Tennis, Mountainbike fahren

Lebensmotto
„Per aspera ad astra" –
„Durch Mühen zu den Sternen"

Fischtopf mit Garnelen und Lachs

Zubereitung

Das Gemüse würfeln und in Butter dünsten, mit Fischfond und Wein ablöschen, anschließend würzen. Bei geringer Hitze ca. 15 – 20 Minuten leicht kochen lassen.

Die Tomaten kurz in kochendes Wasser legen, die Haut abziehen, würfeln und zusammen mit dem Lachs und den Garnelen zum Gemüse geben; danach ca. 5 Minuten ziehen lassen.

Zum Schluss Crème fraiche unterziehen.

Guten Appetit!

Getränk

Meersburger Bengel 2005, Weißburgunder Kabinett trocken

Zutaten (für 4 Personen)

300 g Kartoffeln

1 Fenchelknolle

3 Frühlingszwiebeln

3 Karotten

3 mittelgroße Tomaten

1 EL Butter

300 g Lachs

150 g Garnelen

100 ml Crème fraiche

250 ml Fischfond

250 ml trockener Weißwein

Salz und Pfeffer (Cayenne)

Prof. Dr.
Hans Helge Bartsch

Ärztlicher Direktor und Vorstandssprecher der Klinik für Tumorbiologie Freiburg

Geboren 1952 in Bad Hersfeld (Hessen)
Verheiratet, zwei erwachsene Töchter

Studium in Marburg und Göttingen
Facharztausbildung Innere Medizin und Hämatologie/Onkologie
Wissenschaftlicher Mitarbeiter Max-Planck-Arbeitsgruppe
Habilitation Innere Medizin in Göttingen
Apl. Professur Medizinische Fakultät Freiburg
Schwerpunkte: Internistische Onkologie, Rehabilitationsonkologie
Vorsitz Arbeitsgemeinschaft Rehabilitation, Nachsorge, Sozialmedizin der Deutschen Krebsgesellschaft (ARNS)
Mitglied in verschiedenen nationalen und internationalen onkologischen Fachgesellschaften
Wissenschaftlicher Beirat bei diversen Fachzeitschriften

Nachgefragt

Traumberuf
Winzer

Lieblingsstadt
Florenz

Lieblingsfilm
„Besser geht's nicht"

Lieblingsbücher
Biographien

Lieblingsmusik
Soul und Blues

Stärken
Geduld, Zuhören, Ausdauer

Schwächen
Süßigkeiten

Freizeit
Saxophon, Kochen, Oldtimer

Sport
Viele gute Vorsätze

Lebensmotto
„Carpe diem" – „Nutze den Tag!"

Chicorée-Auflauf mit Rucola

Vorspeise: Tomaten-Crème-brulêe

8 Strauchtomaten, 1 Knoblauchzehe, 2 EL Olivenöl, 1 Becher Sahne, 2 EL Tomatenmark, 3 Eigelb (KM), 50 g brauner Zucker, Meersalz, Pfeffer

Die Tomaten häuten, würfeln und mit dem klein gehackten Knoblauch sowie dem Tomatenmark im erhitzten Olivenöl einkochen. Mit Meersalz und Pfeffer abschmecken. Eigelb und Sahne verquirlen und alles mit dem Schneidestab pürieren. Durch ein Sieb gießen, in 6 flache, feuerfeste Förmchen füllen und in eine Saftpfanne stellen. Die Pfanne bis unter den Förmchenrand mit heißem Wasser füllen.
Im vorgeheizten Backofen (170 °C) 2. Schiene von unten 40 Minuten stocken lassen. Herausnehmen, kühl stellen. Die Tomatencrème mit Zucker bestreuen und mit einer Lötlampe goldbraun gratinieren.

Hauptgang: Chicorée-Auflauf mit Rucola

8 gelbe Chicorée, 2 EL Butter, 200 g Schinkenspeck, 200 g Sahne, 150 g geriebener Emmentaler, 2 Bund Rucola, 1 Knoblauchzehe, Weißwein, Salz und Pfeffer

Chicorée längs halbieren, Strünke entfernen, 2 EL Butter in einer großen Pfanne erhitzen, klein gewürfelten Schinkenspeck und Chicorée zugeben, leicht anbraten. In feuerfeste Form geben, Sahne und einen Schuss Weißwein zufügen, anschließend mit Käse bestreuen. Backofen auf 180 °C vorheizen und ca. 20 Minuten gratinieren. Rucola klein schneiden und darüberstreuen.

Dessert: Limetten-Joghurt-Creme mit marinierten Erdbeeren

5 Blatt Gelatine, 2 Vanilleschoten, 1 Limette, 450 g Joghurt, 100 g Puderzucker, 250 g Sahne, 1 Eiweiß, 100 g Zucker, 4 – 5 EL Limettensaft, 500 g Erdbeeren

Gelatine in kaltem Wasser einweichen. Vanilleschoten ausschneiden und das Mark herauskratzen. Limetten fein abreiben; 3 EL Saft auspressen. Joghurt mit Puderzucker, Limettenschale, Saft und Vanillemark verrühren. Die Gelatine tropfnass bei milder Hitze auflösen, in die Joghurtmasse einrühren und kalt stellen. Sahne und Eiweiß steif schlagen und unterheben. Die Joghurtcrème in eine flache Schale geben und 5 – 6 Stunden kaltstellen. Die Erdbeeren halbieren und mit Zucker und Limettensaft marinieren.

Getränk

Malterdinger Bienenberg, Weißer Burgunder, Weingut Bernhard Huber, Malterdingen

Prof. Dr.
Matthias W. Beckmann

Direktor der Frauenklinik
Universitätsklinikum Erlangen
Vorsitzender des Tumorzentrums Erlangen-Nürnberg

Geboren 1960 in Wanne-Eickel (Nordrhein-Westfalen)
Ledig, eine Tochter

Medizinstudium in Brüssel, Freiburg, New York, Durban, Straßburg

Wissenschaftlicher Mitarbeiter Sandoz AG Basel
Frauenklinik Albert-Ludwigs-Universität Freiburg
DFG-Stipendium Reproduktionsbiologie, experimentelle Onkologie und Pathologie, University of Chicago (USA)

Klinische Ausbildung: Frauenklinik Kreiskrankenhaus Emmendingen, Johann-Wolfgang-Goethe-Universität Frankfurt, Heinrich-Heine-Universität Düsseldorf

Schwerpunkttätigkeit in der gynäkologischen Onkologie und operativen Gynäkologie, molekulare Medizin, Klinikmanagement

Wissenschaftlicher Leiter des Instituts für Frauengesundheit

Mitglied von internationalen und nationalen wissenschaftlichen Gesellschaften und Studiengruppen

Vorsitzender der Arbeitsgemeinschaft für gynäkologische Onkologie (AGO)

Nachgefragt

Traumberuf
Gartenarchitekt

Lieblingsstadt
Dort, wo ich Freunde habe

Lieblingsfilm, Lieblingsbuch, Lieblingsmusik
Variieren

Stärken
Zuverlässig, belastbar, dynamisch, gesund, zielstrebig

Schwächen
Zu viele

Freizeitbeschäftigung
Entspannung mit Familie und Hund (Magyar Vizsla)

Sport
Alles, wozu man Zeit findet und was man mit Freunden zusammen unternehmen kann.

Zutaten (für 4 Personen)

150 g Schweinebauch
4 (Mett)Bratwürste
4 Scheiben Räucherfleisch
250 g grüne Bohnen
4 Tomaten
150 g Karotten
250 g Blumenkohl
200 g Brokkoli
400 g Kartoffeln
4 Knoblauchzehen
6 EL Olivenöl
Pfeffer aus der Mühle, Salz, Oregano, Petersilie zum Garnieren, süßer Senf, scharfer Senf

Eintopf

Zubereitung

Den Schweinebauch würfeln. Die Bohnen, Karotten, Blumenkohl, Brokkoli putzen, waschen und halbieren. Die Tomaten über Kreuz einschneiden, auf einer Schaumkelle für einige Sekunden ins kochende Wasser halten und kalt abschrecken. Die Tomaten vom Stielansatz befreien, enthäuten, entkernen und das Fruchtfleisch in kleine Stücke schneiden. Die Kartoffeln schälen und würfeln. Die Knoblauchzehen abziehen und fein hacken. Das Olivenöl mit 50 ml Brühe in einem Topf erhitzen; Knoblauch hinzugeben.

Der Schweinebauch und die Bratwürste werden kurz darin angebraten; dann die Bratwürste entfernen. Danach Karotten, Blumenkohl, Bohnen, Brokkoli und Kartoffeln hinzufügen; kurz aufkochen lassen. Anschließend 1/2 l Wasser angießen. Pfeffern und salzen; Oregano dazugeben. Den Eintopf etwa 15 Minuten köcheln lassen. Nochmals 1/2 l Wasser oder Brühe (je nach Geschmack) hinzugeben. Weiter köcheln lassen auf eine Gesamtzeit von 45 Minuten, evtl. mit Salz und Pfeffer abschmecken. 10 Minuten vor dem Servieren das Fleisch und die Bratwürste oben auf den Eintopf legen und ziehen lassen. Zum Servieren mit Petersilie garnieren.

*Am besten ist es, den Eintopf einen Tag vorher zu kochen und dann aufzuwärmen.
So hat er den besten Geschmack.*

Hinweis für Vegetarier oder Muslime

*Anstelle des Schweinebauchs und der Bratwürste können auch Pinienkerne, Walnüsse und Haselnüsse (etwa 25 g) klein geschnitten und geröstet werden.
Dann gleiches Procedere, wie oben beschrieben.*

Beilagen

*Dunkles Brot mit Butter
Servieren mit süßem oder scharfem Senf*

Getränke

Mineralwasser oder Bier

Prof. Dr. Hans Georg Bender

Direktor der Universitäts-Klinik für Gynäkologie und Geburtshilfe in Düsseldorf (seit 1993)

Geboren 1943 in Wuppertal
Verheiratet mit Dr. Karin Bender, drei erwachsene Söhne

Nach Medizinstudium in Freiburg, München und Münster Medizinalassistentenzeit im Diakonissen-Krankenhaus Bremen 18-monatige Wehrpflicht als Marine-Stabsarzt der Reserve

Facharztausbildung an der Universitäts-Frauenklinik Düsseldorf mit 1 1/2-jähriger Delegation an das Pathologische Institut der Universität Erlangen

Nach Habilitation 1 1/2-jährige Hospitation am Memorial Sloan-Kettering Cancer Center in New York, der Mayo-Klinik Rochester, dem Massachusetts General Hospital, Boston, und der University of California, San Diego

Anschließend Oberarzttätigkeit an der Universitäts-Frauenklinik Düsseldorf; Direktor an der Universitäts-Frauenklinik Frankfurt/M. für Gynäkologie und gynäkologische Onkologie

Später an der Universitäts-Frauenklinik Düsseldorf

Hier Aufbau verschiedener Schwerpunkteinrichtungen: Gynäkologische Onkologie, Brustzentrum, Gynäkologische Endoskopie, Perinatalzentrum, interdisziplinäres reproduktionsmedizinisches Zentrum

1996 – 1998 Dekan der Medizinischen Fakultät
2000 – 2002 Präsident der Deutschen Gesellschaft für Gynäkologie und Geburtshilfe; Vorsitzender der Krebsgesellschaft NRW (GBK)
Vorstandsmitglied der Deutschen Krebsgesellschaft

NACHGEFRAGT

Traumberuf
Winzer mit Weingut in Meeresnähe

Lieblingsstädte
Hongkong, Buenos Aires, New York, Düsseldorf

Lieblingsfilm
Kein absoluter Spitzenreiter

Lieblingsbücher
Biographien, Philosophie

Lieblingsmusik
Klassischer, lateinamerikanischer oder Traditional-Jazz

Stärken
Mögen Andere beurteilen

Schwächen
Mögen Andere beurteilen

Freizeitbeschäftigung
Aktivitäten in der Natur, Hochsee-Segeln

Sport
Segeln, Wandern, Schwimmen

Lebensmotto
„Das Heute bewusst erleben, ohne die Planung für Morgen zu vernachlässigen."

Scharfsaure Garnelen mit frischem Thai-Chili und Basilikumblättchen

Zubereitung

Für das Rezept eignen sich hervorragend große, rohe, tiefgefrorene Garnelen. Die Garnelen sollten nach Schälen und Vorbereitung am besten dreimal mit ca. 1,2 l Salzwasser kalt abgebraust werden. So bleiben die Garnelen fest und frisch.

Rohe Garnelen schälen und Schalen wegwerfen. Mit einem kleinen, scharfen Messer den Darm entfernen. Die Garnelen in kaltem Salzwasser waschen, abspülen und mit Küchenpapier trockentupfen.

Rote Currypaste, helle Currypaste, Limettensaft, Zucker, Chilis und Kokosmilch in einem Wok (oder großer Pfanne) vermengen und wenige Minuten köcheln. Garnelen hinzufügen und ca. 2 – 3 Minuten garen. Die Basilikumblättchen unterheben und sofort servieren.

Zutaten (für 4 Personen)

450 g rohe Garnelen (wahlweise große, rohe, tiefgefrorene Garnelen)

2 große, frische Chilis, entkernt und fein geschnitten

400 ml Kokosmilch aus der Dose

1 Hand voll frische Basilikumblättchen

1 EL thailändische rote Currypaste

1 EL helle Currypaste

1 EL Limettensaft

1 – 2 EL helle Sojasauce

1 EL Salz

1 – 2 EL Zucker

Beilage

Weißer Langkornreis

Getränke

Iphöfer Julius-Echter-Berg, Riesling Spätlese trocken
Julius-Echter-Berg, Riesling Großes Gewächs oder
Fellbacher Lämmler, Riesling trocken
Stilles Wasser

Dr. Klaus E. Brunnert

Ärztlicher Leiter Klinik für Senologie in Osnabrück

Geboren 1941 in Mönchengladbach

Verheiratet seit 41 Jahren mit einer Engländerin

Lebensziel: Aufbau einer Großfamilie: fünf Töchter, acht Enkelkinder, drei Großeltern (ein Großvater mit 100 Jahren)

Nach dem Medizinstudium Weiterentwicklung zum Senologen (Spezialist für Brusterkrankungen)

Zwölf Jahre Leitender Oberarzt an der Frauenklinik Karlsruhe; dort Aufbau einer klinischen Einheit für die Behandlung von Brusterkrankungen

Prägende Aufenthalte an rekonstruktiv-mammachirurgischen Zentren in den USA und Brasilien

1986 – 1996 Aufbau eines der ersten Brustzentren in Deutschland als Chefarzt am Marienhospital in Osnabrück

1988 Gründung der Arbeitsgemeinschaft für ästhetische, plastische und wiederherstellende Operationen in der Gynäkologie (AWOgyn)

1991 Gründung eines nationalen Implantatregisters

1996 – 1997 Vertretung einer C3-Professur an der Universitäts-Frauenklinik der Ernst-Moritz-Arndt-Universität Greifswald

Seit 1993 Delegierter für Deutschland in der Europäischen Kommission für Implantate (CEN)

Mitglied der Organgruppe Mamma der Arbeitsgemeinschaft Gynäkologische Onkologie, Mitglied zahlreicher medizinischer Organisationen im In- und Ausland, Autor zahlreicher Buch- und Zeitschriftenbeiträge und medizinischer Filme

Schwerpunkt Senologie mit dem Ziel: Optimale Therapie mit einem Maximum an Lebensqualität und Erhalt der körperlichen Unversehrtheit durch eine minimalinvasive Chirurgie

Nachgefragt

Traumberuf
Archäologe und Restaurator – Mein Traum: Ein zweites Troja ausgraben

Lieblingsstädte
Berlin und New York

Lieblingsfilm
„Lost in Translation“ von Sofia Coppola

Lieblingsbuch
„Die Insel des zweiten Gesichts“ von Vigoleis Thelen

Lieblingsmusik
Gustav Mahler und Popmusik

Stärken
Streben nach Perfektion

Schwächen
Perfektionismus

Freizeitbeschäftigung
Gemeinsame Reisen mit der Familie, Lesen, Film und Fotografie

Sport
Tennis

Lebensmotto
„Suum Cuique“ – „Jedem das Seine“

Zutaten (für 4 Personen)

1 ausgelöster Moorschnucken-Rücken

4 Möhren

2 Stangen Lauch

1/2 Sellerieknolle

8 Schalotten

2 Äpfel (Boskop)

30 Rosinen

2 l Rotwein

1/4 l Basalmico-Essig

4 Scheiben Pumpernickel

100 g Rübenkrautsaft

1 Lorbeerblatt

4 Wacholderbeeren

2 Sternanis

1/2 l Moorschnuckenjus

Salz, Pfeffer, Butterschmalz

Sauerbraten von der Diepholzer Moorschnucke

Zubereitung

Gemüse und Äpfel putzen und in große Würfel schneiden. Mit Rotwein, Balsamico-Essig, Rosinen, Pumpernickel, Rübenkrautsaft und den Gewürzen aufkochen und abkühlen lassen. Das Fleisch in die Marinade legen, abdecken und kalt stellen (3 – 4 Tage marinieren und dabei täglich wenden).
Das Fleisch aus der Marinade nehmen und trockentupfen. Mit Salz und Pfeffer würzen und im erhitzten Butterschmalz anbraten. Die Marinade aufkochen und abschäumen. Lorbeer, Wacholder und Sternanis aus der Marinade entfernen. Die Marinade pürieren und durch ein Sieb passieren. 1/2 Liter passierte Marinade abnehmen und mit dem Moorschnuckenjus aufkochen und zur gewünschten Saucenstärke reduzieren. Die restliche Marinade aufkochen, das Fleisch hineingeben und im vorgeheizten Backofen bei 160 °C 15 Minuten schmoren. Das Fleisch herausnehmen und etwas ruhen lassen.
Danach das Fleisch aufschneiden und mit der Sauce und den Beilagen servieren.

Beilagen

Buchweizen-Serviettenknödel: *Das Brioche gleichmäßig in kleine Würfel schneiden und in eine Schüssel geben. In der Pfanne die Butter schmelzen und die Schalottenwürfel darin farblos anschwitzen.*
Die Schalotten und die Rosinen zu den Briochewürfeln geben und die Milch dazugießen. 2 Eier und 2 Eigelb verrühren, salzen, pfeffern und mit Muskatnuss würzen. Zu den Brotwürfeln geben, alles zu einem Teig vermengen und diesen 20 Minuten ziehen lassen. Einen langen Knödel formen.
Erst in Klarsicht, dann in Alufolie einschlagen. In siedendem Wasserbad 25 – 30 Minuten garen.

Bohnengemüse: *Die Bohnen putzen und von den Fäden befreien. Im kochenden Salzwasser blanchieren und in Eiswasser abschrecken. Den Boden eines Topfes mit der Knoblauchzehe einreiben. Die Butter im Topf zerlassen. Die Bohnen hinzufügen und abschwitzen. Die fein geschnittenen Schalotten hinzugeben und mit dem Gemüsefond auffüllen. Das Bohnenkraut in den Topf geben und mit Salz und Pfeffer abschmecken.*

Getränk

Nimburg-Bottinger Steingrube 2003
Spätburgunder Auslese trocken
Weingut Fischer in Nimburg-Bottingen (Baden)

Serviettenknödel

250 g Buchweizen
Brioche ohne Rinde
50 g Butter
30 g Schalotten, fein gehackt
20 g Rosinen
160 ml Milch
4 Eier
Salz, Pfeffer
Muskatnuss

Gemüse

200 g Bohnen
2 Schalotten
1 Knoblauchzehe
1 Zweig Bohnenkraut
100 ml Gemüsefond
Butter
Pfeffer, Salz

Prof. Dr. Dr. h.c. Serban-Dan Costa

Direktor der Universitäts-Frauenklinik Magdeburg (seit 2004)

Geboren 1955 in Oradea (Rumänien)
Verheiratet, ein Sohn

Medizinstudium in Frankfurt/Main

Forschung am Kantonsspital Basel (Schweiz)

Facharztausbildung an der Universitäts-Frauenklinik Heidelberg, dort ab 1993 Oberarzt

1995 – 2002 Oberarzt an der Universitäts-Frauenklinik Frankfurt

1997 Ehrendoktorwürde der Universität Temeswar (Rumänien)

1998 Habilitation

2004 Ärztlicher Direktor der onkologischen Klinik Bad Trissl

November 2004 Berufung als Universitätsprofessor und Direktor der Universitäts-Frauenklinik Magdeburg

Über 200 Publikationen und Buchbeiträge

Mitglied in zahlreichen Fachgesellschaften und im Editorial Board des Journal of Clinical Oncology

Schwerpunkte: Gynäkologische Onkologie, operative Gynäkologie und Mammachirurgie, Brustkrebs, Frühgeburtlichkeit

Nachgefragt

Traumberuf
Wasserballtrainer oder Schriftsteller

Lieblingsstadt
Berlin

Lieblingsfilm
„Freshman" mit Marlon Brando

Lieblingsbuch
„Theorie der Unbildung – Irrtümer der Wissensgesellschaft" von Konrad Paul Liessmann

Lieblingsmusik
„Reanimation" von Linkin Park und 1. Symphonie von Johannes Brahms (Dirigent Carlo Maria Giulini)

Stärken
Fähigkeit, sich auf unterschiedlichste Menschen einzustellen, Optimismus, rasche Auffassungsgabe (Ausnahme: Hausarbeit, Handwerk, Gartenarbeit – also alles, was mit Zuhause zu tun hat)

Schwächen
Hausarbeit, Handwerk etc., Schokolade

Freizeitbeschäftigung
Lesen und Musik

Sport
Tennis, Ski fahren und Schwimmen

Lebensmotto
„Wenn man selbst ein Idiot ist, findet man auf der ganzen Welt ganz schnell Gleichgesinnte. Und umgekehrt ..."

Schweinefilet in Blätterteig

Zubereitung

Die Schweinefilets scharf in der Pfanne anbraten; das Fleisch muss aber innen zartrosa bleiben. Abkühlen lassen. Mit Pfeffer und Salz würzen.

Die angebratenen Schweinefilets mit Leberwurst rundum fingerdick bestreichen und in den angetauten Blätterteig einwickeln. Die Blätterteigenden mit Eiweiß verkleben.

Aus dem Restblätterteig Sternchen oder Blümchen ausstechen und auf die Fleischrollen mit Eiweiß anbringen. Danach mit Eigelb bepinseln.

Bei Ankunft der Gäste das Fleisch auf Backpapier in den Ofen schieben und je nach Ofenart und Blätterteiganleitung 20 – 30 Minuten backen. Zum Anrichten schneidet man die Schweinefilet-Rollen am besten mit einem elektrischen Messer in zweifingerdicke Scheiben.

Beilage

Gemischter Salat der Saison

Zutaten (für 4 Personen)

2 Schweinefilets (ca. 1 kg)

250 g Pfälzer Leberwurst

2 Pakete Blätterteig (tiefgefroren)

1 Ei

1 Flasche Cumberland Sauce (von Lacroix)

Diverse andere Saucen, die man gerne mag

Pfeffer und Salz

Getränke

Wernesgrüner Pilsner oder Amarone 2003, italienischer Rotwein aus Venetien (bei Gästen)

Prof. Dr. Klaus J. Diedrich

Direktor der Universitäts-Frauenklinik Lübeck (seit 1993)

Geboren 1946 in Nordenham (Niedersachsen)
Verheiratet, zwei Söhne und zwei Töchter

Medizinstudium in Hamburg und Innsbruck

Ärztliche Tätigkeiten an den Universitäts-Frauenkliniken Hamburg, Lübeck und Bonn

Präsident der European Society of Human Reproduction and Embryology (ESHRE)

Präsident der Deutschen Gesellschaft für Gynäkologie und Geburtshilfe

Prodekan der Medizinischen Fakultät Universitätsklinikum Lübeck

Nationaler und internationaler Experte mit dem Schwerpunkt Reproduktionsmedizin und Endokrinologie

Klinischer und wissenschaftlicher Schwerpunkt der Universitäts-Frauenklinik Lübeck: Gynäkologische Onkologie und Mammakarzinom

Über 450 wissenschaftliche Beiträge, 31 Bücher und 160 Buchbeiträge

Leiter zahlreicher internationaler Studien und Organisator zahlreicher Symposien, Workshops und Kongresse

Mitglied verschiedener nationaler und internationaler Fachgesellschaften

Mitherausgeber der Zeitschrift „Der Gynäkologe", Mitglied des Editorial Boards der Zeitschriften „Geburtshilfe und Frauenheilkunde", „Human Reproduction", „Zentralblatt für Gynäkologie", Gynäkologische Endokrinologie und Reproduktionsmedizin", „Reproductive Biomedicine Online", „Archives of Obstetrics and Gynecology", „Acta Obstetrica and Gynecologica Scandinavica", „Journal of Assisted Reproduction and Genetics"

Nachgefragt

Traumberuf
Kapitän

Lieblingsstadt
Rom

Lieblingsfilm
„Z" mit Yves Montand

Lieblingsbuch
„Buddenbrooks" von Thomas Mann

Lieblingsmusik
Ludwig van Beethoven, Antonio Vivaldi

Stärken
Keine

Schwächen
Viele

Freizeitbeschäftigung
Rad fahren, Segeln

Sport
Segeln und Tennis

Getränk

Ornellaia, italienischer Rotwein aus der Toskana

Artischocken mit Garnelen und Limonenmayonnaise

Zubereitung

Die Artischocken putzen und die äußeren Blätter entfernen. Von den verbleibenden Blättern die Spitzen abschneiden. Den Artischockenstiel über eine Tischkante direkt am Boden der Artischocke abbrechen, damit die Fasern im Stiel verbleiben. Das obere Drittel der Artischocken abschneiden, Innenblätter beiseite biegen. Die Zitrone halbieren und mit der Schnittfläche nach unten ins Gemüse drücken; mit Küchengarn über Kreuz befestigen.

Inzwischen in einem großen Topf etwa 4 l Wasser aufkochen, dann Zitronensaft, Zucker, Salz dazugeben. Die Artischocken beschweren und ca. 20 Minuten bei mittlerer Hitze garen. Die Artischockenblätter sollten sich leicht lösen.

Für die Mayonnaise das Ei mit dem Senf sowie dem Limonensaft und Abrieb verrühren. Die Chilischote halbieren, entkernen und fein hacken. Das Öl unter Rühren erst tropfenweise, dann in einem dünnen Strahl dazugeben. Mit Senf, Chili und gehacktem Koriander abschmecken und salzen.

Die Garnelen salzen und in Olivenöl braten. Die Zitronenhälften aus den Artischocken entfernen und jeweils mit 3 Garnelen anrichten.

Beilagen *Mayonnaise als Dipp dazureichen*

Mayonnaise

1 Limone, Saft und Abrieb
1 kleine rote Chilischote
1 Ei
1 TL Senf
200 ml Traubenkernöl
1 Bund Koriander
Meersalz

Zutaten (für 2 Personen)

6 Garnelen
2 große Artischocken
1 kleine Zitrone, unbehandelt
etwas Küchengarn
100 ml Zitronensaft
50 g Zucker
100 g Meersalz
Olivenöl zum Braten

Prof. Dr. Ingo J. Diel

Niedergelassener Gynäko-Onkologe in Mannheim und Mitinhaber des Instituts für Gynäkologische Onkologie (seit 2001)

Geboren 1950 in Bingen am Rhein
Verheiratet, ein Sohn und zwei Töchter

Kindheit und Jugend auf dem elterlichen Weingut in Burg-Layen (Nahe)

Studium der Philosophie in Heidelberg und der Humanmedizin in Leuven (Belgien) und Heidelberg
Doktorarbeit über „Erzeugung von Knochenmetastasen bei der Ratte mit dem Walker Carcinosarkom 265" am Institut für Pathologie Heidelberg

Deutsches und amerikanisches Staatsexamen 1983

Von 1983 – 1985 wissenschaftlicher Mitarbeiter am Institut für Pathologie in Heidelberg. Von 1985 – 2001 Tätigkeit an der Universitäts-Frauenklinik Heidelberg, zuletzt als Geschäftsführender Oberarzt. Habilitation 1994 zum Thema: „Prognostische Bedeutung des Nachweises von Tumorzellen im Knochenmark von Patientinnen mit Brustkrebs"

Mitbegründer der Mannheimer Brustkrebstage

Wissenschaftlicher Schwerpunkt seit 1979: Knochenmetastasen beim Mammakarzinom. Arbeiten zur Pathogenese, Behandlung und Prävention ossärer Metastasen. Weltweit erste Publikation zur Verhinderung von Skelettmetastasen durch adjuvante Bisphosphonat-Therapie (New England Journal of Medicine, 1998)
Weitere Forschungsschwerpunkte: Prognosefaktoren beim Mammakarzinom, Tumortherapie-induzierte Osteoporose, Supportiv- und Palliativmedizin

Zahlreiche wissenschaftliche Publikationen und Buchbeiträge

Mitglied in vielen wissenschaftlichen Gesellschaften (z. B. ASCO, AACR, ESMO) und Arbeitsgemeinschaften (z. B. AGO)

Nachgefragt

Traumberuf
Schriftsteller

Lieblingsstädte
Verona, Venedig, Heidelberg

Lieblingsfilme
„Vertigo – aus dem Reich der Toten", von Alfred Hitchcock „Assault – Anschlag bei Nacht" von John Carpenter

Lieblingsschriftsteller
Michel Houellebecq, Haruki Murakami, Leon de Winter und Philip Roth

Lieblingsmusik
Opern von R. Wagner und G. Puccini

Stärken
Wissbegierde, Allgemeinbildung, Toleranz

Schwächen
Neigung zu Zynismus, gelegentliche Passivität

Freizeitbeschäftigung
Reisen zu historischen Gärten in Europa. Hörbücher: Von Gerd Westphal gelesene Romane von Thomas Mann und Theodor Fontane

Sport
„Ich halte mich an den berühmten Kommentar von Winston Churchill – aber nicht immer."

Kürbissuppe mit Ingwer

Zubereitung

Hokkaido-Kürbisse vierteln, aushöhlen, schälen und anschließend in Würfel schneiden. Ingwer schälen und in kleine Stücke schneiden.

Gemüsezwiebeln schälen, in halbe Scheiben schneiden und mit der Butter dünsten. Kleingeschnittene Kürbiswürfel unter ständigem Rühren mitdünsten. Mit Gemüsebrühe nicht ganz bedecken und 15 Minuten bei geschlossenem Deckel kochen.

In der Zwischenzeit wird der Ingwer mit etwas Brühe püriert. Nach 15 Minuten Kochzeit Topf vom Feuer nehmen und die Kürbisstücke mit den Zwiebeln pürieren.

Anschließend wird der Ingwer eingerührt. Sahne dazugießen und rühren bis die Suppe eine sämige Konsistenz erreicht hat. Mit Pfeffer und Salz abschmecken.

Beilagen

Frischer Feldsalat, der mit gerösteten Sonnenblumenkernen und gebratenen Rauchfleischstreifen garniert wird. Frisches Baguette

Getränke

Noir de Diel, Schlossgut Diel, Burg Layen oder ein Cabernet aus Chile oder dem Napa Valley

Zutaten (für 4 Personen)

2 mittelgroße Hokkaido-Kürbisse

2 große Gemüsezwiebeln

150 g Ingwer

150 ml Sahne

150 g Butter

Gemüsebrühe
(Granulat oder frisch)

Prof. Dr. Manfred Dietel

Direktor des Instituts für Pathologie der Charité
Humboldt-Universität Berlin

Geboren 1948 in Hamburg

Verheiratet, ein Sohn

Studium der Medizin in Hamburg

1981 Paul-Martini-Preis

1989 Direktor des Instituts für Pathologie der Christian-Albrechts-Universität Kiel

1990 Mitglied des Medizinausschusses des Wissenschaftsrats

1991 Evaluierungskommission des WR zur Begutachtung der Medizinischen Fakultät der DDR

1993 Direktor des Instituts für Pathologie der Charité Humboldt-Universität, Berlin

1997 Dekan der Charité

Mitglied des Wissenschaftlichen Beirats der BÄK

2001 Ärztlicher Direktor und Vorsitzender des Vorstandes der Charité, Kongresspräsident der Europäischen Gesellschaft für Pathologie

Forschungsgebiete: molekulare Tumorpathologie, Zytostatikaresistenz, Telepathologie

Mitglied im wissenschaftlichen Beirat der „Aktion Bewusstsein für Brustkrebs e.V."

Nachgefragt

Traumberuf
Segelprofi

Lieblingsstadt
Barcelona

Lieblingsfilm
„Das Leben der Anderen"

Lieblingsbuch
„Der Drachenläufer" von Khaled Hosseini

Lieblingsmusik
Klavierkonzerte

Stärken
Durchsetzungsfähig

Schwächen
Die Liebe zu leiblichen Genüssen

Freizeitbeschäftigung
Spazieren gehen, Musik hören

Sport
Segeln

Lebensmotto
Gelassenheit

Zutaten (für 4 Personen)

800 g Lammcarré (z. B. vom irischen Milchlamm)

1 Zweig Rosmarin

1/2 Bund Thymian

Salz, Pfeffer, Öl

1 kg Kartoffeln

300 g geriebener Gruyère

1/4 l Sahne

1/4 l Milch

50 g Butter

750 g grüne Bohnen

5 Knoblauchzehen

Olivenöl, Fondor

Lammcarré mit Kartoffelgratin und grünen Bohnen

Zubereitung

Das Lammcarré sorgfältig präparieren: Sehnen, Fett etc. müssen entfernt werden. Mit Salz und Pfeffer einreiben. Rosmarin und Thymian auflegen. Backofen vorheizen bei 180 °C Umluft. Öl auf ein Backblech geben. Die breite Seite des Lammcarrés auf das Backblech legen und 12 bis 15 Minuten garen. Innen muss das Fleisch rosa sein.

Für das Kartoffelgratin die Auflaufform zunächst mit Knoblauch und Butter ausreiben. Die Kartoffeln schälen und in dünne Scheiben schneiden. In die Auflaufform 3 Schichten Kartoffeln mit jeweils Salz, Pfeffer und Gruyère.

Die oberste Schicht mit Käse und Butterflöckchen bedecken. 1/4 l Sahne und 1/4 l Milch darübergießen. Das Kartoffelgratin bei 180 °C Umluft für 40 Minuten im vorgeheizten Backofen garen. Wenn der Käse gebräunt ist, die Auflaufform mit Alufolie bedecken.

Die Bohnen waschen und putzen. Reichlich Olivenöl in einem Topf erhitzen. 3 Knoblauchzehen dazu pressen. Die Bohnen dazugeben und umrühren. Mit Fondor würzen. Bei kleiner Flamme 15 Minuten garen.

Beilagen

Kartoffelgratin und grüne Bohnen

Getränk

Italienischer Rotwein

Prof. Dr. Wolfgang Distler

Direktor der Klinik für Frauenheilkunde und Geburtshilfe Universitätsklinikum Carl Gustav Carus in Dresden

Geboren 1945 in Köln
Verheiratet, zwei Söhne und zwei Töchter

Medizinstudium in Köln und Düsseldorf, wissenschaftlicher Mitarbeiter der Universitäts-Frauenklinik Düsseldorf

Stipendium an der University of Southern California in Los Angeles

Chefarzt der Frauenklinik am St. Elisabeth-Krankenhaus in Mönchengladbach-Rheydt

Professur an der Technischen Universität Dresden

Ärztlicher Leiter des Regionalen Brustzentrums Dresden

Über 250 wissenschaftliche Publikationen, 5 Bücher und zahlreiche Buchbeiträge

Vorsitzender der Mitteldeutschen Gesellschaft für Frauenheilkunde und Geburtshilfe

Mitglied diverser Fachgesellschaften

Mitherausgeber der Zeitschrift „Der Gynäkologe"

Nachgefragt

Traumberuf
Förster

Lieblingsstadt
San Francisco

Lieblingsfilm
„Der Untertan" von Wolfgang Staudte

Lieblingsbuch
„Es muss nicht immer Kaviar sein" von Johannes Mario Simmel

Lieblingsmusik
Popmusik

Stärken
Manuelle Geschicklichkeit, Durchsetzungskraft, strategisches Vorstellungsvermögen, Bescheidenheit

Schwächen
Ungeduld

Freizeitbeschäftigung
Denkmalpflege, Wald- und Forstwirtschaft

Sport
Segeln

Zutaten (für 2 – 4 Personen)

1 Bund Brunnenkresse

40 – 50 ml Gemüsebrühe

150 g Mozzarella-Käse

1 Knoblauchzehe

100 g stichfeste saure Sahne

6 Eier

1 EL Mehl

1 TL Zucker

1 EL Worcestersauce

3 EL Olivenöl

Cayennepfeffer, Salz

Brunnenkresse-Omelett mit Mozzarella

Zubereitung

Grobe Stiele von der Brunnenkresse entfernen. Kresseblättchen abspülen und trockenschütteln. Kresse und Brühe fein pürieren (Mixer). Backofen auf 200 °C vorheizen.

Mozzarella abtropfen lassen; Knoblauchzehe abziehen. Mozzarella, Knoblauch und saure Sahne pürieren (Mixer). Würzen mit Cayennepfeffer und Salz; dann beiseite stellen.

Eier, Mehl, Zucker, Kräuterbrühe und Worcestersauce verrühren und mit Salz würzen.

Aus dem Eierteig nacheinander 4 Pfannkuchen backen. Dazu eine kleine Kelle Teig in eine Pfanne mit heißem Olivenöl geben und etwa 3 Minuten backen. Den Pfannkuchen wenden und von der Unterseite ebenfalls 2 Minuten backen. Abtropfen auf Küchenpapier.

Auf jeden Pfannkuchen 1 EL Mozzarellapüree geben und den Pfannkuchen zusammenfalten. Nebeneinander in eine ofenfeste Form legen und das restliche Mozzarellapüree darauf verteilen.
Das Ganze im Backofen etwa 10 Minuten überbacken.

Getränke

Schloss Proschwitz 2004, Riesling trocken
Weingut Prinz zur Lippe, Meißen (Sachsen)
Mineralwasser

Prof. Dr. Peter Drings

Ehemaliger Ärztlicher Direktor der Thoraxklinik Heidelberg (von 1996 – 2005)

Geboren 1939 in Greifswald (Mecklenburg-Vorpommern)

Verheiratet seit 1966 mit der Ärztin Dr. Ingrid Drings
Eine Tochter, ein Sohn und vier Enkel

Medizinstudium in Greifswald, Marburg und Kiel

Promotion 1964 an der Philipps-Universität Marburg

1966 – 1968 Wissenschaftliche Ausbildung in Medizinischer Molekularbiologie in Göttingen

1968 – 1975 Facharztweiterbildung auf den Gebieten Innere Medizin, Klinische Hämatologie und Internistische Onkologie an der Universität Heidelberg

1973 Habilitation
1976 außerplanmäßiger Professor der Universität Heidelberg

Ab 1979 Leiter der Abteilung für Onkologie und Innere Medizin an der Thoraxklinik Heidelberg, danach Stellvertretender ärztlicher Direktor und Ärztlicher Direktor von 1995 – 2005

1992 – 2005 Generalsekretär der Deutschen Krebsgesellschaft

Arbeitschwerpunkte: Klinische Hämatologie und Internistische Onkologie mit dem Ziel einer interdisziplinären Arbeitweise, adjuvante Chemotherapie des Mammakarzinoms, Diagnostik und Therapie des Lungenkarzinoms, supportive Therapieformen, kritische Auseinandersetzung mit sog. alternativen Therapien, Aufklärung über die Gefahren des Rauchens

Preise und Auszeichnungen: Kussmaul-Preis, Curt-Adam-Preis, Carlo-Erba-Preis, Ernst-von-Bergmann-Plakette, Verdienstkreuz am Bande des Verdienstordens der Bundesrepublik Deutschland

Über 1 000 wissenschaftliche Publikationen, Vorträge und Buchbeiträge

Mitglied im Editorial Board diverser nationaler und internationaler onkologischer Fachzeitschriften

NACHGEFRAGT

Traumberuf
Arzt ist mein Traumberuf

Lieblingsstädte
Heidelberg, Greifswald, Berlin und München

Lieblingsfilme
„Canaris" „Des Teufels General" „Doktor Schiwago"

Lieblingsbücher
Historische Romane von Lion Feuchtwanger

Lieblingsmusik
Klassische Musik, Konzerte und Opern

Stärken
Zuverlässig, kollegial, liberal und vertrauenswürdig

Schwächen
Gutmütigkeit und Gutgläubigkeit

Freizeitbeschäftigung
Theater-, Konzert- und Museumsbesuche mit meiner Frau, Reisen in besondere Städte und Landschaften Europas

Sport
In der Jugend Rudern und Fußball, jetzt Schwimmen

Lebensmotto
„Mehr sein als scheinen"

Gedeckter Apfelkuchen à la Johanna Drings

Zubereitung

Mehl, weiche Butter, Zucker, Vanillezucker, Backpulver, Ei und Salz gut mischen und zu einem Mürbeteig verarbeiten.

Die Hälfte des Teiges als Boden verwenden. Die andere Teighälfte ausrollen und für die Decke rund ausstechen.

Zunächst den Boden einer Springform mit dem Teig auslegen und mit den Teigresten einen Rand andrücken.

Inzwischen den Backofen auf 180 °C oder auf 200 °C (bei Umluft) vorheizen.

Die Äpfel schälen, das Kerngehäuse entfernen und in dicke Scheiben schneiden.

Die Apfelscheiben in einem breiten Topf mit wenig Wasser (nur den Boden bedecken) und mit 1 EL Zucker 5 Minuten andämpfen.

Die angedünsteten Apfelscheiben auf den Kuchenboden legen (Vorbacken ist nicht nötig!), die Teigdecke darüberbreiten und den Kuchen ausbacken. Backzeit: ca. 20 – 25 Minuten

Den noch warmen Apfelkuchen mit Puderzucker bestäuben.

Beilage

Schlagsahne

Getränke

Kaffee oder schwarzer Tee

Zutaten

750 g säuerliche Äpfel (am besten Boskop)

250 g Mehl

125 g Butter

125 g Zucker

1 Päckchen Vanille-Zucker

1 Päckchen Backpulver

1 Ei

1 Prise Salz

Prof. Dr. Wolfgang Eiermann

Ärztlicher Direktor der Frauenklinik Rotkreuzklinikum München (seit 1991)

Geboren 1947 in Loffenau/Kreis Calw (Baden-Württemberg)
Verheiratet, ein Sohn und eine Tochter

Medizinstudium an der Universität Tübingen und der TU München

Forschungsstipendium der Deutschen Forschungsgemeinschaft am Institut für physiologische Chemie und physikalische Biochemie der LMU München
Thema: „Metabolitentransport in der Mitochondrienmembran"

1976 Eintritt in die II. Universitäts-Frauenklinik der LMU München
1979 Gastarzt am Beth Israel Hospital, Harvard Medical School, Boston (USA)
Ab 1979 Frauenklinik im Klinikum Großhadern der LMU München
Habilitation LMU München, 1986 Ernennung zum C2-Professor
Mitgliedschaften: Deutsche Gesellschaft für Gynäkologie und Geburtshilfe, American Society of Clinical Oncology, Board of Trustees und Scientific Board (BCIRG), Vorstandsmitglied der GABG-Studiengruppe und der Bayerischen Krebsgesellschaft, Schriftleitung „Onkologie Heute"

Wissenschaftlicher Beirat: Vorsitz wissenschaftlicher Beirat Walter-Schulz-Stiftung, Breast Cancer Online, Zentralblatt für Gynäkologie und Geburtshilfe, Info Onkologie, Breast Care und der „Aktion Bewusstsein für Brustkrebs e.V."

Nachgefragt

Traumberuf
Architekt

Lieblingsstadt
Paris

Lieblingsfilm
Keiner

Lieblingsbuch
Picasso-Biographien

Lieblingsmusik
Carlos Santana, W. A. Mozart

Stärken
Entschlossenheit

Schwächen
Impulsivität

Freizeit
Theater und moderne Kunst

Sport
Ski fahren, Segeln, Tennis

Zutaten (für 4 Personen)

750 g mageres Rindfleisch ohne Haut (evtl. „falsches Filet")

2 Karotten

2 – 3 Knoblauchzehen

1 große Zwiebel

2 Lorbeerblätter

10 Pfefferkörner

5 – 6 Nelken ganz

Beize

1 EL Salz

3 – 4 EL Weinessig

1 Prise Zucker

Wasser

Mehlschwitze

Etwas Butterschmalz

1 TL Zucker

5 – 6 EL Mehl

„Böfflamott" mit Brezenknödeln

Zubereitung

Das Fleisch säubern und in einen Topf geben. Das Wurzelwerk grob schneiden und ebenfalls dazulegen. Die Zutaten für die Beize dazugeben und mit Wasser auffüllen, bis das Fleisch bedeckt ist. 2 – 4 Tage kühlstellen und ziehen lassen.

Danach das Fleisch in der Beize erhitzen und ca. 90 Minuten köcheln lassen, bis es durchgegart ist. Das Fleisch herausnehmen und die Beize durch ein Sieb abgießen. Eine dunkle Mehlschwitze aus den Zutaten bereiten; unter ständigem Rühren die Kochflüssigkeit vom Fleisch aufgießen und glatt rühren. Die Sauce evtl. noch mit etwas Salz abschmecken. Das Fleisch in Scheiben schneiden und in der Sauce anwärmen.

Beilage „Brezenknödel"

Von den „Brezen" das Salz entfernen und die Brezeln in feine Scheiben schneiden. Die Zwiebel in etwas Butter glasig dünsten und dann die Petersilie dazugeben.

Die Zwiebel mit der Petersilie über die Brezenscheiben geben, mit der lauwarmen Milch übergießen und quellen lassen. Die Eier darüber schlagen, nach Bedarf mit Salz würzen und alles zu einer Knödelmasse gut verkneten. Kleine Knödel formen, Salzwasser aufkochen lassen und die Knödel ca. 20 Minuten darin ziehen lassen (nicht kochen!).

Getränk

Münchner Bier „Augustiner Edelstoff"

Brezenknödel

8 „Brezen" (Brezeln) vom Vortag

1/8 l lauwarme Milch

etwas Butter

1 Zwiebel klein schneiden

etwas fein gehackte Petersilie

2 Eier

Prof. Dr. Günter Emons

Direktor der Klinik für Gynäkologie und Geburtshilfe der Georg-August-Universität Göttingen

Geboren 1954 in Rheinbach/Bonn
Verheiratet, eine Tochter und drei Söhne

Medizinstudium in Bonn und Lübeck

Wissenschaftlicher Mitarbeiter am Institut für Biochemische Endokrinologie in Lübeck

Forschungsaufenthalt an der Endocrinology and Reproduction Research Branch, NIH, Bethesda (USA)

Klinische Ausbildung Universitäts-Frauenkliniken Lübeck und Marburg

Nationaler und internationaler Experte mit dem Schwerpunkt „Hormonelle Regulation von gynäkologischen Tumoren"

Mehrere Forschungspreise (u. a. Schoeller-Junkmann-Preis, Deutsche Gesellschaft für Endokrinologie)

Zahlreiche wissenschaftliche Publikationen und Buchbeiträge

Leiter nationaler und internationaler Studien

Stellvertretender Vorsitzender der „Arbeitsgemeinschaft Gynäkologische Onkologie" (AGO)

Vizepräsident der Deutschen Gesellschaft für Endokrinologie

Mitglied im Editorial Board zahlreicher internationaler onkologischer bzw. endokrinologischer Fachzeitschriften

NACHGEFRAGT

Traumberuf
Arzt

Lieblingsstadt
Göttingen

Lieblingsfilm
„Dr. Seltsam oder wie ich lernte, die Bombe zu lieben" von Stanley Kubrick

Lieblingsbuch
„Die 13 1/2 Leben des Käpt'n Blaubär" von Walter Moers

Lieblingsmusik
J. S. Bach, G. F. Händel, J. Mac Laughlin

Stärken
Humor, Geradlinigkeit, Gerechtigkeitssinn, Durchsetzungsvermögen

Schwächen
Geradlinigkeit, Gerechtigkeitssinn, Durchsetzungsvermögen

Freizeitbeschäftigung
Lesen, Konzerte, Kunstausstellungen

Sport
Wandern mit Ehefrau und Hund

Boeuf bourguignon

Zubereitung

Fleisch in gleichmäßige 5 – 6 cm große Würfel schneiden; sämtliches Fett und Sehnen entfernen. Butter und Öl im Schmortopf erhitzen; Speck darin anbraten, dann das Fleisch hinzufügen; zuletzt Zwiebeln und Karotten. Wenn alles gut angebräunt ist, mit Mehl überstäuben, kurz durchschmoren, dann den Wein angießen. Gepressten Knoblauch und das Bouquet garni hinzufügen, salzen und pfeffern und dann auf kleiner Flamme 2 – 3 Stunden (je nach Fleischqualität und Größe) schmoren.
Das Bouquet entfernen, das Fleisch herausnehmen und die Sauce reduzieren.

Beilagen *Anna-Kartoffeln und Prinzess-Bohnen*

Zutaten (für 4 Personen)

1 kg Rinderbraten (mager)

75 g durchwachsener Speck

2 kleine Zwiebeln, fein gewürfelt

2 kleine Möhren, sehr fein gewürfelt

20 g Mehl

30 g Butter

3 EL Öl

2 Knoblauchzehen

1 Flasche Rotwein (Burgunder)

1 Bouquet garni (Petersilie, Porree, Thymian, Lorbeer)

Salz, schwarzer Pfeffer

Getränke

Burgunder Rotwein
Wasser

Prof. Dr. Peter Faber

Ehemaliger Chefarzt der Frauenklinik im Prosper Hospital Recklinghausen

Geboren 1944 in Euskirchen (Nordrhein-Westfalen)

Verheiratet, drei erwachsene Töchter und zwei Enkel

Medizinstudium und Promotion in Bonn

Wissenschaftlicher Mitarbeiter an der Universitäts-Frauenklinik Düsseldorf

Gastarzttätigkeiten: Middlesex Hospital London, Universitäts-Frauenklinik Basel bei Prof. Käser, SAKK (Schweizer Arbeitsgruppe für klinische Krebsforschung) und in der urologischen Universitätsklinik Mainz bei Prof. Hohenfellner

Habilitation mit dem Schwerpunkt Gynäkologische Urologie

Seit 1988 außerplanmäßiger Professor an der Universität Düsseldorf

Mitglied in zahlreichen Fachgesellschaften der gynäkologischen Urologie, der gynäkologischen Onkologie und Senologie

Mitarbeit an zahlreichen nationalen und internationalen Studien

Mitbegründer der Aktion „Sport in der Krebsnachsorge"

Mitglied der Ständischen Kommission „In-vitro-Fertilisation und Embryotransfer" der Ärztekammer Westfalen-Lippe

Nachgefragt

Traumberuf
Hotelmanager

Lieblingsstadt
Sydney

Lieblingsfilm
„Casablanca"

Lieblingsbuch
„Small World" von Martin Suter

Lieblingsmusik
Sinfonien von Anton Bruckner

Stärken
Zuverlässigkeit, Zuhören können, Durchsetzungsvermögen

Schwächen
Ungeduldig, nachtragend

Freizeitbeschäftigung
Lange Spaziergänge, Musik hören – am liebsten im Konzertsaal, Musizieren, Besuch von Kunstausstellungen und Weinproben

Sport
In der Jugend Rudern und Fußball, jetzt Schwimmen und Rad fahren

Lebensmotto
„Das Leben ist zu kurz, um schlechten Wein zu trinken."

Heilbutt auf Rieslingsauce

Zubereitung

Riesling, Noilly Prat, Sahne und den Fischfond einkochen, bis die Sauce sämig wird. Die Crème fraiche unterrühren und weiter einkochen.

Anschließend mit Salz und Pfeffer vorsichtig abschmecken.

Die Heilbuttfilets mit Rosmarin und Estragon belegen und im auf 90 °C vorgeheizten Dampfbackofen bei 100 % Feuchte ca. 25 Minuten dünsten. Mit Salz und Pfeffer nach Bedarf nachwürzen.

Alternative Zubereitung:

Die Heilbuttfilets mit Estragon und Rosmarin belegen, auf ein eingefettetes Backblech legen und mit Wein angießen. Bei 180 °C 9 – 10 Minuten garen.

Die Heilbuttfilets auf vorgewärmten Tellern auf dem Saucenspiegel servieren.

Beilage

Salzkartoffeln mit Petersilie

Zutaten (für 4 Personen)

600 g Heilbuttfilet
3/8 l Fischfond
1/8 l Sahne
100 g Crème fraiche
100 ml Riesling trocken
4 EL Noilly Prat (französischer Vermouth)
2 EL Estragonblätter
4 kleine Rosmarinzweige
Salz und Pfeffer

Getränk

Ockfener Bockstein 2005 Saarriesling
Weingut Sankt Urbans-Hof, Leiwen

Dessert: Weincreme

Zutaten

1 Flasche Riesling trocken
6 Eigelb
6 – 8 EL Zucker
2 EL Mondamin
225 ml Sahne

Zubereitung

Alle Zutaten in einem Topf gut verrühren und aufkochen lassen. Nach dem Erkalten die geschlagene Sahne unterheben.

Getränk

Dalsheimer Hubacker 2001 Riesling Auslese, Rheinhessen
Weingut Klaus Keller, Flörsheim-Dalsheim

Prof. Dr. Bernd Gerber

Direktor der Klinik und Poliklinik für Gynäkologie und Geburtshilfe der Universität Rostock

Geboren 1957 in Waren/Müritz (Mecklenburg-Vorpommern)
In eheähnlicher Gemeinschaft lebend, drei erwachsene Töchter

Medizinstudium in Rostock

Wissenschaftlicher Mitarbeiter am Physiologischen Institut in Rostock und an der Universitäts-Frauenklinik Rostock

Studienaufenthalte an der Emory University Atlanta, Harvard University Boston, Breast Cancer Center „Van Nuys" Los Angeles Nationales Krebszentrum Rio de Janeiro (Brasilien)

Stellvertretender Klinikdirektor Ludwig-Maximilians-Universität München

Spezialisierungen:
Gynäkologische Onkologie, Brustkrebs und plastische, wiederherstellende Operationen

Expertise im Bereich Ernährung und Brustkrebs bzw. Life Style nach Brustkrebs

Preisträger verschiedener Gesellschaften, über 100 wissenschaftliche Publikationen, Herausgeber von 2 Büchern, 15 Buchbeiträge, Initiator und Leiter mehrerer Studien
Mitglied diverser Fachgesellschaften

Nachgefragt

Traumberuf
Fischer

Lieblingsstadt
Rom

Lieblingsfilm
„Der mit dem Wolf tanzt" von Kevin Costner

Lieblingsbuch
„Der Graf von Monte Christo" von Alexandre Dumas

Lieblingsmusik
„San Francisco" von Scott McKenzie

Stärken
Zielstrebigkeit, Durchsetzungsvermögen

Schwächen
Unnachgiebigkeit

Freizeitbeschäftigung
Wandern, Kino, Theater, Städtereisen

Sport
früher Leichtathletik mit Teilnahme an nationalen Meisterschaften, Handball in der Liga gespielt, heute Rad fahren und Schwimmen

Zutaten (für 4 Personen)

2 grüne Aale, je ca. 250 g

5 große Zwiebeln

2 Päckchen Gelatine

10 Körner schwarzer Pfeffer

4 Körner Piment

1 Lorbeerblatt

1/2 Tasse Weinessig

1 EL Zucker, 1 TL Salz

2 kg Kartoffeln (für Bratkartoffeln)

2 – 3 kg Einlegegurken

1 Bund Dill

Getränke

Je nach Gusto ein gut gekühltes Bier oder ein trockener Weißwein

Aal in Aspik

Zubereitung

Die grünen Aale putzen und ausnehmen (wenn nicht schon geschehen!).

Den Sud bereitet man folgendermaßen: In einen großen Kochtopf 2 l Wasser gießen. 1 TL Salz, 2 große in Scheiben geschnittene Zwiebeln, 4 Körner Piment, 10 Körner schwarzen Pfeffer, 1 Lorbeerblatt, 1 EL Zucker und eine halbe Tasse Weinessig dazugeben und alles für 15 Minuten kochen lassen.
Nun den Aal in den Sud legen und weitere 10 Minuten kochen, bis der Fisch gar ist.
Den Aal aus dem Kochtopf holen und in eine große Schüssel legen.
Anschließend den Sud von der Herdplatte nehmen und 2 Päckchen klare Gelatine unterrühren.
Die leicht sämige Flüssigkeit über den Aal gießen und erkalten lassen.

Beilagen

Dazu schmecken mir am besten Bratkartoffeln mit viel Zwiebeln und Speck.
Zwiebeln verringern übrigens das Krebsrisiko und sind somit Bestandteil einer gesunden Ernährung!
Im Sommer (Zeit der Einlegegurken) wird's mit einigen selbst eingelegten, frischen Salzgurken besonders herzhaft.

Salzgurken

2 – 3 kg gewaschene Einlegegurken in einen entsprechenden Steintopf und dazwischen „dicken" Dill, 1 – 2 grob geschnittene Zwiebeln und eine halbe in Scheiben geschnittene Meerrettichstange einlegen. Übergießen mit kochendem (Gurken sind nach 1 Tag essbar) oder kaltem (Gurken müssen 3 – 4 Tage ziehen) Salzwasser (200 g Salz auf 5 l Wasser, 1/2 Tasse Essig).
Beide Rezepte sind typisch mecklenburgisch und schon von meiner Oma auf die Mutter vererbt.

Prof. Dr. Dr. h.c. Gerald Gitsch

Direktor der Frauenklinik an der Albert-Ludwigs-Universität Freiburg im Breisgau

Geboren 1960 in Wien
Verheiratet, ein Sohn und eine Tochter

Medizinstudium in Wien
Ausbildung zum Facharzt an der Universitäts-Frauenklinik Wien
Nach der Habilitation gynäko-onkologische Ausbildung in Sydney
Schwerpunkt: Gynäkologische Onkologie

Über 150 wissenschaftliche Publikationen
Leiter internationaler Studien
Präsident der European Society of Gynecologic Oncology (ESGO)
Mitglied des Executive Board des European Board and College of Obstetrics and Gynecology (EBCOG)
Mitglied des Editorial Board von fünf internationalen onkologischen Fachzeitschriften

Nachgefragt

Traumberufe
Architekt und Sozialanthropologe

Lieblingsstädte
Sydney, Wien

Lieblingsfilm
„Blues Brothers"

Lieblingsautor
Michael Köhlmeier

Lieblingsmusik
Ray Charles

Stärken
Entscheidungsfreude, Effizienz

Schwächen
Gutgläubigkeit

Freizeitbeschäftigung
Lesen, Kochen

Sport
Als ehemaliger Skilehrer jede sportliche Betätigung in den Bergen: Ski fahren, Bergsteigen, Mountainbiken, aber auch Schwimmen und Tauchen

Getränk
Kräftiger Weißwein, z. B. Riesling Smaragd aus der Wachau (Österreich)

Saltimbocca alla Romana

Zubereitung

Die Kalbsschnitzel vorsichtig flach klopfen.
Auf jedes Schnitzel zwei Salbeiblätter und eine Scheibe Schinken legen,
mit Holzspießchen am Fleisch feststecken. Die Schnitzel von beiden Seiten leicht mehlen.
In einer Pfanne 2 EL Butter und 1 EL Öl zerlassen.
Die Schnitzel hineingeben und pro Seite bei großer Hitze 2 – 3 Minuten braten.
Das Fleisch jetzt salzen und pfeffern, herausnehmen und abgedeckt warmstellen.

Den Bratensatz mit 1/8 l Weißwein ablöschen und kräftig aufkochen.
Mit 1 EL eiskalter Butter montieren.
Die Schnitzel auf vorgewärmte Teller legen und mit der Sauce beträufeln.

Beilagen

Safranrisotto oder frisches Weißbrot und frische Erbsen

Zutaten (für 4 Personen)

8 dünne Kalbsschnitzel

8 Scheiben roher Schinken

16 große Salbeiblätter

3 EL Butter

1 EL Öl

1/8 l kräftiger Weißwein

Salz und Pfeffer aus
der Mühle

Prof. Dr. Else Heidemann

Chefärztin der Medizinischen Klinik II und Koordinatorin des Interdisziplinären Brustzentrums am Diakonie-Klinikum Stuttgart

Geboren in Erkenbrechtsweiler (Baden Württemberg)
Verheiratet

Medizinstudium in Tübingen, Düsseldorf, Wien

Stipendiatin der Deutschen Forschungsgemeinschaft am Institut für Biochemie der Universität Tübingen

Wissenschaftliche Assistenzärztin, später Habilitation und Oberärztin an der Medizinischen Universitätsklinik Tübingen

Mehrere Forschungsaufenthalte in den USA

Vorsitzende des Onkologischen Schwerpunkts Stuttgart

Initiierung und Durchführung verschiedener multizentrischer randomisierter Studien für Patientinnen mit metastasiertem Mammakarzinom. Stuttgarter Mammakarzinom-Nachsorge-Feldstudie (Qualitätsförderpreis Gesundheit Baden-Württemberg). Brückenschwestern: Modellprojekt und Regelversorgung (Alfons-Fischer-Medaille, Posterpreis Deutsche Krebsgesellschaft 1998)

Benchmarking in der Onkologie. 197 wissenschaftliche Publikationen, Bücher und Buchbeiträge

Nachgefragt

Traumberuf
Malerin

Lieblingsstadt
Stuttgart

Lieblingsfilm
„Das Geisterhaus" von Isabel Allende

Lieblingsbuch
„Harrison's Principles of International Medicine"

Lieblingsmusik
Flötenkonzert D-Dur von W. A. Mozart

Stärken
Verlässlichkeit, Konsequenz, Gerechtigkeitssinn

Schwächen
Werden nicht verraten

Freizeitbeschäftigung
Familie

Sport
Gehen

Vinaigrette

6 EL Olivenöl

1 EL Walnussöl

1 EL Distelöl

1 EL Essig

1 TL Senf

1 TL Zucker

1/4 TL Salz

1/4 TL Pfeffer

Rudi's Rucola-Salat

Zubereitung

Rucola-Blätter dritteln, Tomaten achteln, Zwiebel klein hacken, Knoblauchzehen schälen und durch eine Knoblauchpresse drücken. Feta-Käse würfeln, Walnusskern-Hälften vierteln, Bananen in Scheiben schneiden, Zucchini würfeln, Schinken in Streifen schneiden.
Alles zusammen mit dem Feldsalat in eine sehr große Schale geben. Mit reichlich Vinaigrette mischen.

Beilage

Kürbiskern-Brötchen (in der Mikrowelle 10 Sekunden anwärmen)

Getränke

Mineralwasser, Kaffee

Zutaten (für 4 Personen)

100 g Feldsalat
100 g Rucola-Salat
4 Tomaten
1 Zwiebel
2 Knoblauchzehen
200 g Feta-Käse
100 g Walnusskerne
2 Bananen
200 g geräucherter Schinken
1 Zucchini

alternativ für Vegetarier:

frische Champignons
in Öl mit Zwiebelwürfelchen
leicht angebraten

Prof. Dr. Jörn Hilfrich M. P. H.

Chefarzt der Frauenklinik
der Henriettenstiftung Hannover (seit 1989)
Zertifiziertes Brustzentrum / Perinatalzentrum
Akademisches Lehrkrankenhaus der Medizinischen Hochschule Hannover

Geboren 1941 in Nordhausen am Harz (Thüringen)
Verheiratet, zwei Töchter

Studium der Humanmedizin in Berlin, München und Göttingen

Assistent/Oberarzt am Pathologischen Institut der Medizinischen Hochschule Hannover, Abteilung Experimentelle Pathologie und Onkologie

Konsilarius für Pathologie bei der International Agency for Research on Cancer in Lyon

1. Venia legendi der Medizinischen Hochschule Hannover für „Experimentelle Pathologie und Onkologie"

1975 – 1977 Head of Section of Endocrine Pathology, American Health Foundation und Assistant Professor Medical College New York

1977 Master of Public Health (MPH) der Columbia University New York

Seit 1978 Frauenklinik der Medizinischen Hochschule Hannover

Ernennung zum apl. Professor

1985 2. Venia legendi der Medizinischen Hochschule Hannover für „Gynäkologie und Geburtshilfe"
Oberarzt der Frauenklinik

Persönlicher Schwerpunkt: Gynäkologische Onkologie

NACHGEFRAGT

Traumberuf
Arzt

Lieblingsstadt
Hamburg

Lieblingsfilm
„Wie im Himmel" von Kay Pollack

Lieblingsbuch
„Machtwahn – wie eine mittelmäßige Führungselite uns zugrunde richtet" von Albrecht Müller

Lieblingsmusik
Klassik: Beethoven, Mozart, Brahms, Mendelssohn; Pop: Lighthouse Family

Stärken
Ruhe und Diplomatie

Schwächen
Neigung zu Perfektionismus

Freizeitbeschäftigung
Musik, Natur, Reisen, (Zeit-) Geschichte, Kultur

Sport
Ausdauertraining (z.B. Rad fahren), Tennis, Ski fahren u. a. noch kein Golf

Zander mit Kartoffelpüree

Zubereitung

Für das Püree Kartoffeln schälen und würfeln. In einem Topf die Gemüsebrühe erhitzen, die Kartoffeln zugeben und ca. 40 Minuten köcheln lassen. Mit Salz und Pfeffer würzen. Petersilie abbrausen, Blättchen abzupfen und hacken. Die Kartoffelmischung fein pürieren und in einer Pfanne bei kleiner Hitze ca. 10 Minuten eindampfen lassen. Gelegentlich umrühren.

Die Zanderfilets kalt abbrausen, trockentupfen und die Haut einschneiden. Die Filets salzen und mit Mehl bestäuben. Den Backofen auf 80 °C vorheizen. Das Rapsöl in eine kalte Pfanne geben. Den Fisch mit der Hautseite nach unten hineinlegen und langsam kross braten. Die Zanderfilets herausnehmen und zugedeckt im Ofen bei 80 °C warm halten. Butter in die Fischpfanne geben und aufschäumen lassen. Petersilie dazu und mit Salz und Pfeffer würzen.

Die Zanderfilets mit dem cremigen Kartoffelpüree auf Tellern anrichten. Butter über den Fisch geben.

Beilage

Frisches Möhrengemüse

Getränk

Trockener Riesling

Zutaten (für 4 Personen)

4 Zanderfilets mit Haut

400 g mehlige Kartoffeln

500 ml Gemüsebrühe

300 g Schlagsahne

1 Bund Petersilie

3 EL Rapsöl

3 EL Butter

etwas Mehl zum Bestäuben

Salz, weißer Pfeffer aus der Mühle

Prof. Dr. Christian Jackisch

Direktor der Klinik für Gynäkologie und Geburtshilfe
Klinikum Offenbach

Geboren 1960 in Erlangen
Verheiratet, eine Tochter

Studium der Humanmedizin in Münster, Aachen und Köln

Facharztausbildung zum Arzt für Frauenheilkunde und Geburtshilfe

Post-Doc Fellowship als DFG Stipendiat am Johns Hopkins Oncology Center in Baltimore, Maryland (USA)

Anschließend langjähriger Oberarzt mit Schwerpunkt Gynäkologische Onkologie unter Entwicklung klinischer Studienkonzepte am Universitätsklinikum Münster

Leitender Oberarzt an der Universitäts-Frauenklinik Marburg im Bereich der gynäkologischen Onkologie mit Schwerpunkt Mamma- und Genitalkarzinome

Mitglied diverser nationaler und internationaler Studienleitkommissionen sowie der Organkommission Mamma der Arbeitsgemeinschaft Gynäkologische Onkologie (AGO)

Autor- und Koautor von mehr als 120 Publikationen, 23 Buchbeiträgen und mehr als 500 nationalen und internationalen Vorträgen

Nachgefragt

Traumberuf
Mein Beruf – Arzt

Lieblingsstadt
New York

Lieblingsfilm
„Casablanca" in der Originalversion

Lieblingsbuch
„Schatten des Windes"
von Carlos Ruiz Zasón

Lieblingsmusik
„Englishman in New York" von Sting

Stärken
Willenskraft, Menschenkenntnis und Offenheit

Schwächen
Langes Zuhören fällt oft schwer

Freizeitbeschäftigung
Meine Familie und Freunde

Sport
Früher aktiver Ruderer und Wassersportler, heute lieber Ski fahren, Tauchen und öfter auch mal Golf

Beilage

Bouillabaisse-Gemüse

Getränk

Nahezu jeder spritzige frische Weißwein, gerne auch aus deutschen Landen

Seeteufel auf Bouillabaisse-Gemüse

Zubereitung

Möhren putzen und in feine Streifen schneiden. Fenchelgrün beiseite stellen. Fenchel putzen und in feine Streifen schneiden. Schalotten fein schneiden, Knoblauch hacken. Alles mit Lorbeer in 3 EL Öl bei starker Hitze anbraten. Tomatenmark unterrühren, Safran dazugeben. Mit Pastis ablöschen. Salzen, pfeffern und mit dem Fond auffüllen. Im offenen Topf 6 Minuten einkochen lassen. Stärke mit etwas kaltem Wasser anrühren und unter das Gemüse rühren. Tomaten zugeben und kurz aufkochen lassen. Fenchelgrün fein schneiden und darüberstreuen.

Oregano hacken, mit 2 EL Öl und Senf mischen. Seeteufelkoteletts salzen und pfeffern. Im übrigen Olivenöl auf jeder Seite ca. 3 Minuten braten. Fisch vom Herd nehmen, mit der Senfmischung bepinseln. Mit Gemüse anrichten.

Viel Vergnügen ...

Zutaten (für 4 Personen)

8 Seeteufelkoteletts à 60 g

250 g Möhren

500 g Fenchel

100 g Schalotten

1 Knoblauchzehe

2 – 3 Lorbeerblätter

8 EL Olivenöl

1 EL Tomatenmark

1 Döschen Safranfäden (0,01 g) falls vorhanden

2 EL Pastis

Salz und Pfeffer aus der Mühle

300 ml Fischfond aus dem Glas

1 EL Speisestärke

20 Mini-Strauchtomaten

6 Oregano-Blätter

1 EL grobkörniger Senf

Prof. Dr. Fritz Jänicke

Direktor der Klinik und Poliklinik für Gynäkologie
Universitätsklinikum Hamburg-Eppendorf

Geboren 1948 in Berlin
Verheiratet, eine Tochter

Medizinstudium in Freiburg, Kiel und München

Stipendiat der Studienstiftung des Deutschen Volkes

Facharztausbildung in der I. Universitäts-Frauenklinik München („Maistraße")

Professur an der Frauenklinik rechts der Isar der TU München

Seit 1996 Direktor und Ordinarius der Universitäts-Frauenklinik Hamburg-Eppendorf

Nationaler und internationaler Brustkrebsexperte

Forschungen zur Tumorbiologie der Invasion und Metastasierung

Experte für Gynäkologische Onkologie

Mehr als 300 wissenschaftliche Veröffentlichungen und Buchbeiträge

Mitglied diverser Fachgesellschaften und Editorial Boards

Mitglied im wissenschaftlichen Beirat der „Aktion Bewusstsein für Brustkrebs e.V."

Nachgefragt

Traumberufe
Bootsbauer und Schreiner

Lieblingsstadt
Rom

Lieblingsfilm
„Das Leben der Anderen"

Lieblingsbuch
„Der Herr der Ringe"
von John Ronald Reuel Tolkien

Lieblingsmusik
W. A. Mozart, Franz Schubert

Stärken
Zielstrebigkeit, Belastbarkeit,
Analytisches Denken

Schwächen
Ungeduld, Selbstüberlastung

Freizeitbeschäftigung
Interesse an Medien und Malerei

Sport
Segeln, Ski fahren, Golf

* Das Gericht des Dichters Ida Bagus Kasmin
Ein belebendes, aromatisch-leichtes asiatisches Gericht

Schweinefilet mit Spinat und Ingwer*

Zubereitung

Das Schweinefilet in dünne, blättrige Scheiben schneiden. Blattspinat waschen. Winter-Blattspinat ca. 3 Minuten blanchieren. Zwiebel, Ingwer und Knoblauch fein schneiden.

Das Öl (Sesam- und anderes Bratöl) im Wok oder in der Pfanne stark erhitzen und das Fleisch darin scharf anbraten. Dann das Fleisch auf die Seite geben, pfeffern und die Zwiebel in der Mitte des Woks glasig dünsten. Knoblauch und Ingwer dazugeben, mit dem Fleisch mischen und mit den Sojasaucen ablöschen.
Kurz aufkochen lassen und den frischen oder blanchierten Spinat darunterheben.
Abschmecken und mit Basmatireis servieren.

Sojasaucen bei Tisch zum Nachwürzen bereitstellen.

Zutaten (für 4 Personen)

600 g Schweinefilet
600 g frischer Blattspinat
1 große Zwiebel
2 Knoblauchzehen
1 EL frischer Ingwer
4 EL Ketjup benteng asin (salzige indonesische Sojasauce)
4 EL Ketjup benteng manis (süße indonesische Sojasauce)
1 EL Sesamöl
3 EL Öl
Pfeffer

Getränke

Pils oder ein herber, trockener Weißwein

Beilage

Basmatireis

Prof. Dr. Dr. h.c. Walter Jonat

Direktor der Universitäts-Frauenklinik Kiel (seit 1995)

Geboren 1949 in Hamburg
Verheiratet seit 35 Jahren mit Ehefrau Barbara
Zwei Töchter und fünf Enkelkinder – erfreulicherweise alles Mädchen

Studium der Humanmedizin und Approbation in Hamburg

1976 Promotion über den Steroidhormonmetabolismus

1976 – 1985 Assistent und Oberarzt an der Frauenklinik des Zentralen Krankenhauses in Bremen

1984 Habilitation an der Universität Hamburg

1986 C3-Professur für Gynäkologie und Geburtshilfe an der Universitäts-Frauenklinik Hamburg-Eppendorf

1994 C4-Professur an der Universitäts-Frauenklinik Köln

Wissenschaftliche und klinische Schwerpunkte: gynäkologische Onkologie, Einführung des Steroidhormonrezeptor-Konzeptes, Entwicklung von adjuvanten Therapieschemata und Reduktion der operativen Radikalität durch das Wächterlymphknoten-Konzept

Preise und Auszeichnungen für die Brustkrebsforschung: Deutscher Krebspreis, Staude-Pfannenstiel-Preis, Warner-Preis

2007 Ehrendoktorwürde der Universität von Almaty (Kasachstan)

Gründungsmitglied der GABG (German Adjuvant Breast Group) Mitglied und Repräsentant in vielen nationalen und internationalen Fachgesellschaften und Komitees, Mitglied des Editorial Boards bei Fachzeitschriften (unter anderem American Journal of Cancer, Archives of Gynecology and Obstetrics, Geburtshilfe und Frauenheilkunde, Journal of Pharmacology and Therapy, Labormedizin), Mitglied der Deutschen Akademie für Naturforscher – Leopoldina

Seit 1993 Mitglied in Fachgremien der Deutschen Krebshilfe

2006 Präsident der Deutschen Gesellschaft für Gynäkologie und Geburtshilfe (DGGG)

Mitglied im wissenschaftlichen Beirat der „Aktion Bewusstsein für Brustkrebs e.V."

Nachgefragt

Traumberuf
Medizin – eine frühe Alternative war die Physik

Lieblingsstadt
Hamburg

Lieblingsfilm
„Ist das Leben nicht schön?" mit James Stewart

Lieblingsbuch
„Die Lieblingsgedichte der Deutschen" von Lutz Hagestedt

Lieblingsmusik
Klassik

Stärken
Wenige

Schwächen
Viele

Freizeitbeschäftigung
Kunst und Sport

Sport
Golf und Segeln

Lebensmotto
„Carpe diem" – „Nutze den Tag!"

Krabben-Tarte mit Lachsfilet

Zubereitung

Den Blätterteig auftauen, auf einer bemehlten Fläche ausrollen und in eine Springform geben; dabei einen ca. 2,5 cm hohen Rand formen.

Den Blätterteig mit der Gabel mehrmals einstechen.

Das Lachsfilet pürieren und 2 EL gehackten Dill, Crème fraiche, 2 Eigelb und die Krabben mit 2 EL Zitronensaft unter das Püree rühren.

Die fertige Masse salzen, pfeffern und gleichmäßig auf den Blätterteigboden streichen.

Die Tarte im vorgeheizten Backofen 35 – 40 Minuten bei 220 °C auf der mittleren Schiene backen.

Die fertige Krabben-Tarte mit Dill garnieren und servieren.

Salat mit Mangostücken mischen. Eine Sauce aus Zitronensaft, Zucker, Salz und Pfeffer verquirlen und erst kurz vor dem Servieren über den Salat geben.

Beilage

Grüner Salat mit Kresse und Mangos

Zutaten (für 4 Personen)

500 g Lachsfilet
(wahlweise Schollenfilet)

300 g Krabben

300 g tiefgekühlter Blätterteig

150 g Crème fraiche

2 Eier

2 EL gehackter Dill

2 EL Zitronensaft

Salz, Pfeffer

Beilagen

1 großer Eisbergsalat

3 Päckchen Kresse

2 Mangos

1 EL Zucker

1 Messerspitze Pfeffer

Salz

Getränke

Grauburgunder oder ein anderer trockener Weißwein

Prof. Dr. V. Craig Jordan

Vice President and Research Director for Medical Sciences
Alfred G. Knudson Chair of Cancer Research
The Fox Chase Cancer Center
Philadelphia, Pennsylvania (USA)

Geboren 1947 in New Braunfels, Texas (USA)
Aufgewachsen und erzogen in England
Verheiratet, zwei erwachsene Töchter

Studium der Pharmakologie an der University of Leeds in England, anschließend 2 Jahre Gastwissenschaftler an der Worcester Foundation für Experimentelle Biologie, Massachusetts (USA)
Danach folgten von 1974 – 1979 Lehrberufungen für Pharmakologie an der University of Leeds und von 1979 – 1980 an den Forschungseinrichtungen des Ludwig Instituts für Krebsforschung in Bern (Schweiz)
Professor und Leiter des Brustkrebsprogramms an der University Wisconsin und der Northwestern University (USA) mit dem Titel Diana Princess of Wales Professor für Krebsforschung (1999 – 2004)

International anerkannter Experte für die Entwicklung von Tamoxifen zur Behandlung und Prävention von Brustkrebs und von Raloxifen zur Vorbeugung der Osteoporose mit dem Vorteil der vorbeugenden Wirkung gegen Brustkrebs
Auszeichnungen: Officer of the Most Excellent Order of the British Empire; Charles F. Kettering Prize from the General Motors Cancer Research Foundation; Bristol Myers Award; Landon AACR Award; ASCO Karnofsky Award 2008; Ehrenmedaille der American Cancer Society und diverse weitere Ehrungen
Über 600 wissenschaftliche Publikationen, Bücher und Buchbeiträge

Nachgefragt

Traumberufe
Archäologe oder Militärhistoriker

Lieblingsstadt
London

Lieblingsfilm
„Zulu“ (Michael Caines erster Film)

Lieblingsbuch
„Paul Ehrlich – Scientist for Life“ von Ernest Baumler

Lieblingsmusik
Beatles, Gustav Holst

Stärken
Verbindlichkeit, Schwerpunkte setzen, Sinn für Humor, Gesundheit

Schwächen
Ungeduld

Freizeitbeschäftigung
Sammeln von Briefmarken der Falkland Inseln, Medaillen und Militärabzeichen des Cheshire Regiments, antiken Militärschwertern und -säbeln

Sport
Wenig Zeit – nur lange Spaziergänge

Lebensmotto
„Stärke durch Wissen“
Bei meiner Ernennung zum Offizier der ‚Most Excellent Order of the British Empire' übergab das „Royal College of Arms“ ein Wappen und dieses persönliche Motto.

Craig's New England Clam Chowder (Muschelsuppe)

Zubereitung

Die Kartoffeln schälen und in kleine Würfel schneiden; anschließend in ca. 2 Liter leicht gesalzenem Wasser ca. 40 Minuten in einem großen Suppentopf (6 – 8 l Fassungsvermögen) kochen.
Das Kochwasser bleibt Bestandteil der Suppe, daher nicht weggießen.

Die Zwiebeln schälen, in feine Würfel schneiden und in einer Bratpfanne in Butter leicht andünsten – darauf achten, dass die Zwiebelwürfel nicht braun werden. Die gedünsteten Zwiebeln werden dann zu den gekochten Kartoffeln in den Suppentopf gegeben und bei leichter Hitze warm gehalten.

Die Schweineschnitzel in dünne Streifen und danach in kleine Stücke schneiden, mit Butter anbraten und anschließend in den großen Suppentopf geben.

Das Muschelfleisch mit dem gesamten Doseninhalt ebenfalls in den Suppentopf geben; die Flüssigkeit trägt zum Geschmack bei. Danach werden 2 Tassen Austernkekse fein gemahlen und zum Eindicken in den Suppentopf gegeben. Abschließend werden 1 – 2 l Milch und 500 ml Sahne zur Suppe hinzugefügt. Dabei muss die Temperatur genau beachtet werden; es darf nicht kochen.

Je nach Geschmack mit Salz und gemahlenem Pfeffer würzen.
Die Zubereitungsdauer der Muschelsuppe beträgt ca. 2 – 2 1/2 Stunden.

Zutaten (für 10 Personen)

1,5 kg große Kartoffeln

3 große Zwiebeln

125 g Butter

1 kg dünne Schnitzel vom Schweinekamm

1 kg (5 Dosen) grob gehacktes Muschelfleisch (Chopped Clams)

1 kg fein gehacktes Muschelfleisch (Minced Clams)

500 g Packung Austernkekse (Oyster Cracker)

2 l frische Vollmilch

500 ml Sahne

Salz, schwarzer Pfeffer
aus der Mühle

Beilage

Französisches Weißbrot

Getränke

Sonoma Culrer (Les Pierre)
California Chardonnay
Puligny Montrachet 1999
Französischer Weißburgunder

Prof. Dr. Dr. h.c. Manfred Kaufmann

Direktor der Klinik für Gynäkologie und Geburtshilfe der Johann Wolfgang Goethe-Universität Frankfurt am Main

Geboren 1946 in Crailsheim (Baden-Württemberg)
Verheiratet, zwei erwachsene Töchter

Medizinstudium in Erlangen und Heidelberg, wissenschaftlicher Mitarbeiter am Deutschen Krebsforschungszentrum in Heidelberg, Stipendium an der Mayo-Klinik in Rochester und am Memorial Sloan-Kettering Cancer Center in New York
Professur an der Universitäts-Frauenklinik Heidelberg
Prodekan Med. Fakultät Frankfurt/M.
Vizepräsident der Deutschen Krebsgesellschaft

Nationaler und internationaler Experte mit dem Schwerpunkt „Gynäkologische Onkologie und Brustkrebs"
Mehrere Forschungspreise (1992 Deutscher Krebspreis)

Über 500 wissenschaftliche Publikationen, 28 Bücher, ca. 180 Buchbeiträge, Initiator und Leiter zahlreicher internationaler Studien
Vorsitz der „Arbeitsgemeinschaft Gynäkologische Onkologie" (AGO)
Mitglied Steering Committee EBCTG in Oxford
Mitglied diverser Fachgesellschaften u. a. „The Society of Pelvic Surgeons USA"
Vorsitzender „Alumni Medizin" Frankfurt/M.
Herausgeber der Zeitschrift „Geburtshilfe und Frauenheilkunde"
Gründer und Vorsitzender der „Aktion Bewusstsein für Brustkrebs e.V."

Nachgefragt

Traumberuf
Maler

Lieblingsstadt
New York

Lieblingsfilm
„Tanz der Vampire" von Roman Polanski

Lieblingsbuch
„Faust I" von J. W. v. Goethe

Lieblingsmusik
Beatles

Stärken
Berechenbarkeit, Durchsetzungsvermögen, Gesundheit

Schwächen
Ungeduld

Freizeitbeschäftigung
Besuch von Kunstausstellungen, Museen und Ateliers

Sport
„Ich war aktiver Zehnkämpfer in meiner Jugend; heute befürworte ich mäßige, aber regelmäßige Bewegung nach dem Lebensmotto: Die etwas dickeren Menschen leben auf jeden Fall glücklicher und vielleicht sogar länger."

Zutaten (für 4 Personen)

1 frische Lachsseite
3 Karotten, 2 Zucchini, 1 Zwiebel
1 Packung Tiefkühl-Blattspinat
2 Knoblauchzehen
200 g frische Algen
3 Stängel Zitronengras
1 Bund frischer Koriander
1/4 l Weißwein,
1/4 l Sahne,
Saft einer Limette
1 Packung Couscous (preboiled)

Frischer Lachs mit Gemüse und gerösteten Algen

Zubereitung

Das Gemüse in kleine Würfel schneiden und leicht in Butter anbraten.

Die Algen abbrausen und anrösten. Das Innere des Zitronengrases in kleine Röllchen schneiden und zum Gemüse geben.

Den Lachs leicht salzen (Vorsicht: Algen sind salzig!), pfeffern und mit Limettensaft einreiben.

Mit der Hautseite nach unten in die gefettete Bratenschale in den auf 180 °C vorgeheizten Backofen stellen.

Kleingehackten Koriander, das Gemüse und die Algen auf der Oberseite des Fisches verteilen. Vorsichtig mit Weißwein und Sahne übergießen. Nach ca. 10 – 15 Minuten kontrollieren, ob der Lachs gar ist.

Den Sud abgießen und auf dem Herd aufkochen lassen.

Couscous nach Packungsanweisung zubereiten. Jeweils eine Portion in eine kleine Schöpfkelle drücken und auf den Teller stürzen.

Getränke

Winkeler Jesuitengarten 2004, Riesling Kabinett trocken
Rheingau Weingut Fritz Allendorf, Oestrich-Winkel
Eiskaltes Mineralwasser

Prof. Dr. Marion Kiechle

Direktorin der Frauenklinik rechts der Isar der Technischen Universität München

Geboren 1960 in Oberkirch (Baden-Württemberg)

Studium der Humanmedizin von 1979 – 1986 an der Albert-Ludwigs-Universität in Freiburg

Nach der Approbation und Promotion von 1987 – 1989 Stipendiatin der Deutschen Forschungsgemeinschaft

Von 1989 – 1995 wissenschaftliche Assistentin der Universitäts-Frauenklinik Freiburg; dort auch Habilitation

Von Mai 1996 – September 2000 Oberärztin der Universitäts-Frauenklinik Kiel

Seit Oktober 2000 Direktorin der Frauenklinik rechts der Isar der Technischen Universität München

Seit Mai 2001 Vorsitzende der Bioethik-Kommission der Bayerischen Staatsregierung und seit Juli 2002 Stellvertretende Vorsitzende der Zentralen Ethikkommission für Stammzellforschung der Bundesregierung

Klinischer und wissenschaftlicher Schwerpunkt im Bereich der Krebserkrankungen der Frau

Kurzcharakteristik der Privatperson:

Naturverbunden (die Berge und das Meer liebend)

Musik und Kino liebend

Sportlich

Nachgefragt

Traumberuf
Filmemacherin

Lieblingsstadt
Venedig

Lieblingsfilm
„Jenseits von Afrika" („Out of Africa") von Sydney Pollack

Lieblingsbuch
„Der Besuch des Leibarztes" von Per Olov Enquist

Lieblingsmusik
W. A. Mozart und Michael Jackson

Stärken
Verbindlich, tolerant, scharfsinnig, großzügig

Schwächen
Ungeduldig

Freizeitbeschäftigung
Kino, Musik, Theater

Sport
Joggen, Snowboarding, Ski fahren, Mountainbiking

Spaghetti Primavera

Zubereitung

Tomaten häuten, nachdem sie kurz in heißes Wasser gelegt wurden, und in kleine Würfel schneiden.
Olivenöl, gehackten Knoblauch, fein gehackte Schalotten und fein geschnittene Basilikumblätter dazugeben und verrühren.
Mit Salz, gemahlenem Pfeffer und ganzen roten Pfefferkörnern abschmecken.
Die kalte Sauce mit den heißen, in reichlich Salzwasser „al dente" gekochten Spaghetti anrichten und mit ganzen Basilikumblättern dekorieren.

Getränke

Durbacher Kochberg 2001, Spätburgunder Rotwein Spätlese
Weingut Heinrich Männle, Durbach

Stilles Mineralwasser

Zutaten (für 4 Personen)

500 g Spaghetti

500 g frische Tomaten

1 Bund frisches Basilikum

4 – 6 Knoblauchzehen

1 – 2 Schalotten

250 ml Olivenöl

Rote Pfefferkörner

bunter frisch gemahlener Pfeffer

Salz

PROF. DR. LUDWIG KIESEL

Direktor der Klinik und Poliklinik für Frauenheilkunde und Geburtshilfe am Universitätsklinikum Münster

Geboren 1956 in Baja (Ungarn)

Verheiratet, zwei Söhne und eine Tochter

Medizinstudium an der Universität Heidelberg und am Royal Free Hospital, London

Postdoc-Stipendium am National Institute of Health (USA) über Grundlagenarbeiten zu Rezeptoren und Postrezeptormechanismen von GnRH-Analoga

Facharztausbildung und Habilitation über Mechanismen und klinische Anwendung von GnRH-Analoga an der Universitäts-Frauenklinik Heidelberg

Fakultative Weiterbildung in spezieller operativer Gynäkologie, spezieller Geburtshilfe und gynäkologischer Endokrinologie und Reproduktionsmedizin an der Universitäts-Frauenklinik Tübingen

Arbeitsschwerpunkte und wissenschaftliche Interessen:

Angiogenese, Diagnostik und Therapie des Mammakarzinoms, der Endometriose, der Infertilität und Postmenopause sowie die Regulation der ovariellen Funktion bei PCO und Mechanismen der Hormonwirkung am Brustdrüsengewebe und beim Mammakarzinom

NACHGEFRAGT

TRAUMBERUF
Wirtschaftsmanager

LIEBLINGSSTADT
London

LIEBLINGSFILM
„Manhattan" von Woody Allen

LIEBLINGSBUCH
„The Analyst" von John Katzenbach

LIEBLINGSMUSIK
„Ungarische Fantasien" von Franz Liszt

STÄRKEN
Ausdauer, Flexibilität

SCHWÄCHEN
Ungeduld

FREIZEITBESCHÄFTIGUNG:
Schach, Lesen, Reisen

SPORT
Joggen, Tennis, Ski fahren, Tanzsport, Rad fahren

LEBENSMOTTO
„Carpe Diem" – „Nutze den Tag!"

Hühner-Pörkölt

Zubereitung

Dieses Meisterstück der ungarischen Küche wird aus wertvollen, saftigen Fleischsorten, häufig aus mehr oder weniger knochigen kleinen Fleischstücken, zubereitet. Es ähnelt dem Ragout und hat wenig Saft, der gehaltvoll ist, nicht eingedickt, aber auch nicht dünn sein darf.

Das Huhn zerlegt man in 8 – 10 Teile. Die Zwiebeln werden in Schmalz schwach geröstet. Gewürzpaprika unter Verringerung des Hitzegrades in die nicht zu heiße Zwiebelschwitze schnell einrühren; das Fleisch dazugeben, salzen und rösten.

Etwas Wasser oder Knochenbrühe aufgießen, die Gewürze zufügen und zugedeckt, unter zeitweiligem Rühren, bei mäßiger Hitze köcheln. Ist der Saft verkocht, immer etwas Wasser nachgießen, so dass das Fleisch nicht kocht, sondern in wenig Saft, nahezu nur im eigenen Fett, schmort. Beginnt das Fleisch weich zu werden, in Würfel geschnittene Paprikaschoten und Tomaten zufügen und fertig schmoren.

Es gibt verschiedene Variationen dieses Gerichtes. Ich bevorzuge den Hühner-Paprikás. Hierbei wird weniger Schmalz, Gewürzpaprika und Zwiebel verwendet, die nur schwach geröstet werden. Entscheidender Unterschied ist: Wenn das Fleisch gar ist, wird der reichliche Schmorsaft mit Mehl und saurer Sahne gebunden.

Beilagen

Nockerln, Eiergraupen oder Salzkartoffeln und ein pikanter Salat

Getränk

Zempléni hétfürtös (Sieben-Trauben) Sauvignon Blanc 2004, trockener Weißwein

Zutaten (für 4 Personen)

2 kg Huhn

120 g Schmalz

180 g Zwiebeln

100 g Tomaten

20 g Gewürzpaprika

200 g Paprikaschoten

Salz

Prof. Dr. Dr. Michael Kirschbaum

Chefarzt der Frauenklinik, Leiter des Brustzentrums Saar Mitte der Caritasklinik St. Theresia in Saarbrücken

Geboren 1953 in Gießen
Verheiratet, zwei erwachsene Töchter

Studium der Humanmedizin in Marburg und Gießen

Studium der Humanbiologie in Marburg

Wisenschaftlicher Mitarbeiter am Institut für Anatomie und Zytobiologie Marburg

Promotionen zum Dr. rer. physiol. und zum Dr. med. in Marburg

Wissenschaftl. Mitarbeiter an der Universitäts-Frauenklinik Gießen

Facharzt für Frauenheilkunde und Geburtshilfe

Fakultative Weiterbildung in der Speziellen Operativen Gynäkologie, Speziellen Geburtshilfe und Perinatalmedizin und in der Endokrinologie und Reproduktionsmedizin

Habilitation für das Fach Frauenheilkunde und Geburtshilfe

Leitender Oberarzt der Universitäts-Frauenklinik Gießen / Personalleitung

Ernennung zum Professor für Gynäkologie und Geburtshilfe

Vorstandsmitglied der ISPO (International Society of Perinatal Obstetricians)

Stellv. Vorsitzender des Saarländischen Tumorzentrums Homburg

Fachexperte für die Zertifizierung von Brustzentren der Deutschen Gesellschaft für Senologie und der Deutschen Krebsgesellschaft

Sprecher Beckenbodenzentrum SaarLorLux

Berater der Gesellschaft für Inkontinenzhilfe

NACHGEFRAGT

Traumberuf
Pilot

Lieblingsstadt
Riga

Lieblingsbuch
"Die Entdeckung der Langsamkeit" von Sten Nadolny

Lieblingsmusik
„Les Preludes" von Franz Liszt

Stärken
Geduld

Schwächen
Perfektionismus

Freizeitbeschäftigung
Orchestermusiker

Sport
Segeln

Lebensmotto
„Es ist alles gut!"

Sauerbraten

Zubereitung

Zu gleichen Teilen guten Essig und Wasser aufkochen, leicht erkalten lassen, dann 1 Lorbeerblatt und 4 Wacholderbeeren dazugeben; eine Zwiebel durchschneiden. In diesen Sud kommt dann der Braten. Das Fleisch sollte fast mit der Flüssigkeit bedeckt sein. Der Braten wird täglich einmal umgedreht.
Nach 4 – 5 Tagen kommt er aus der Brühe, wird gut abgetrocknet und dann mit 1 Bund Suppengrün und 2 – 3 Rinderknochen schön angebraten.

Nach dem Anbraten mit dem Essigsud ganz langsam auffüllen.
Nach etwa 1 Stunde kommt 1 TL Zuckerrübensirup hinzu.
Nochmals gut eine Stunde köcheln lassen, dann das Fleisch herausnehmen und den restlichen Inhalt der Sauce mit einem Mixstab zerkleinern.
Abschmecken mit Salz und Pfeffer.

Beilagen *Kartoffelklöße und Rotkraut*

Getränk

Assmannshäuser Höllenberg 2002, Spätburgunder Spätlese

Zutaten (für 4 Personen)

1,5 kg Rinderbraten
2 – 3 Rinderknochen
1 Zwiebel
1 Lorbeerblatt, 4 Wacholderbeeren
1 Bund Suppengrün
1 TL Zuckerrübensirup
Essig, Wasser, Salz und Pfeffer

Prof. Dr. Ulrich R. Kleeberg

Hämatologisch – onkologische Praxis Altona (HOPA) in Hamburg

Geboren 1938 in Berlin
Verheiratet, zwei Söhne und zwei Töchter

Medizinstudium in Freiburg, Paris, Hamburg und London
1962 Staatsexamen Hamburg. Weiterbildung Innere- und Allgemeinmedizin, Gynäkologie, Dermatologie
1965 – 1969 Massachusetts General Hospital, Harvard Medical School, Boston. 1969 – 1975 Universitätsklinik Ulm. Habilitation Hämatologie und Internistische Onkologie; Pappenheim-Preis DGHO; Gründung Tumorambulanz; Ethikbeirat Tumorzentrum Facharzt Innere- und Labormedizin

1976 Gründung Hämatolog.-onkolog. Schwerpunktpraxis Hamburg-Altona (HOPA); klinische Forschung; Interdisziplinärer Onkologischer Arbeitskreis KVH / Tumorzentrum; onkolog. Konsultationsdienst; apl. Professur; F. Acker-Preis Onkologie. Mitglied Vorstand AG Intern. Onkologie (AIO) Deutsche Krebsgesellschaft, Genesendenhilfe HH, Vorsitz Arbeitsgruppe Melanom, EORTC Brüssel, Hamburger Krebsgesellschaft, Niedergel. Internist. Onkologen AIO (NIO). 1992 – 1995 Vorsitz KV HH; 1996 – 1998 stellv. Vorsitz AIO; seit 2002 Vorstandsmitglied Deutsche Gesellschaft für Senologie; Wissenschaftlicher Beirat Bundesversorgungsamt Herausgabe, Schriftleiter Fachzeitschriften Melanoma Research, InFoOnkologie, Lehrbücher, Beiratsmitglied in nationalen und internationalen wissenschaftl. Zeitschriften und Gesellschaften

Arbeitsschwerpunkte:
Endokrine und zytostatische Behandlung, spez. Mammakarzinom, Melanom, Prävention, Supportivtherapie, Palliativmedizin, psychosoziale Betreuung Tumorkranker

„Ich schlief und träumte, das Leben wäre Freude.
Ich erwachte und siehe, das Leben war Pflicht.
Ich handelte und siehe, Pflicht war Freude."
(Thomas Carlyle, 19. Jahrhundert)

Meine Maxime, Ansporn und Befriedigung

Nachgefragt

Traumberuf
„Arzt zu sein, mal Allgemeinmediziner, mal Experte, mal klinischer Forscher und Lehrer. Wenn Kollegen schwärmen, im Ruhestand ein ganz anderes Gebiet zu studieren, möchte ich noch mal Medizin studieren, um zu erfahren, wie wir unseren Studenten den besten Weg zeigen."

Lieblingsstadt
Überlingen am Bodensee, eine Kleinstadt mit kulturellem Anspruch in wunderbarer Natur

Lieblingsfilm
„Être et avoir" Dokumentation und Erzählung von einer Zwergschule

Lieblingsbuch
„Doktor Struensee – Rebell von oben" Arzt, Aufklärer und Gesundheitspolitiker aus dem 18. Jahrhundert von Paul Barz

Lieblingsmusik
J. S. Bach, Kunst der Fuge, Goldbergvariationen, Choräle

Stärken und Schwächen
Das Bemühen um kompetente Arbeit und meine Ungeduld

Freizeitbeschäftigung
Medizinische Forschung zu verstehen, aufzubereiten und zu lehren

Sport
Rad fahren und Wandern

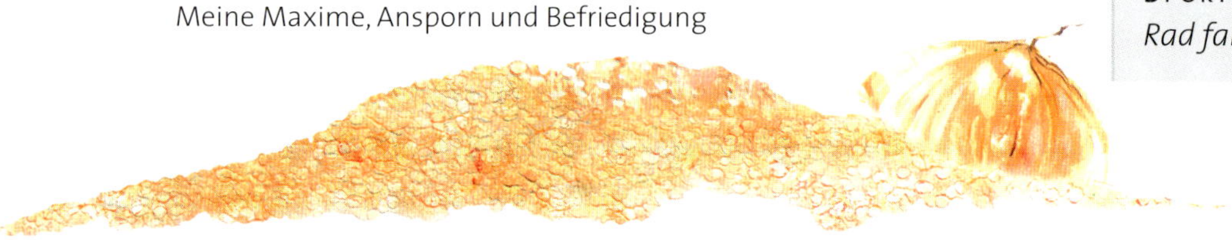

Gebratene Entenbrust in Orangen-Couscous

Zubereitung

Die Chilischoten entkernen und sehr fein würfeln; die Zwiebeln fein würfeln.

Die Entenbrustfilets rautenförmig auf der Hautseite einschneiden, beidseitig salzen und pfeffern.

Die Filets in Öl erst auf der Hautseite, dann auf der Rückseite bei mittlerer Hitze 5 Minuten braten, danach im Backofen bei 200 °C Umluft weitere 10 Minuten auf der 2. Einschubleiste von unten braten. In Alufolie wickeln und warm halten.

Flüssiges Fett abgießen, darin die Zwiebelwürfel dünsten, Chili dazugeben und mit 300 ml Orangensaft ablöschen. Etwas einkochen lassen und mit Salz und Pfeffer nachwürzen.

Zum Servieren die Entenbrustfilets aus der Folie nehmen und der Länge nach in Scheiben schneiden.

Die unbehandelten Orangen abreiben, die anderen wie Äpfel schälen, dann alle filetieren. Dem ausgepressten Orangensaft den Zitronensaft hinzufügen. Couscous in eine vorgewärmte Schüssel geben und mit Salz und Pfeffer würzen. Orangen-Zitronen-Saft aufkochen, über den (vorgekochten, kalten) „7-Minuten-Couscous" gießen und 8 Minuten zugedeckt quellen lassen. Olivenöl erhitzen und unter den Couscous mischen, bis er locker auseinanderfällt. Die Orangenfilets, die geriebene Orangenschale und die gehackte Minze untermischen, mit Minzeblättchen garnieren.

Getränke

Überlinger Felsengarten Spätburgunder 2003

Kaltes Mineralwasser

Zutaten (für 4 Personen)

3 Entenbrust-Filets

11/2 rote Chilischoten

3 kleine Zwiebeln

Salz und weißer Pfeffer

1 EL Rapsöl

900 ml Orangensaft, frisch gepresst

350 g „7-Minuten-Couscous"

6 Orangen, davon 2 unbehandelt

6 TL Zitronensaft

1 Topf Minze

10 EL Olivenöl

Prof. Dr. Werner Kleine

Chefarzt der Abteilung Frauenheilkunde und Geburtshilfe
St. Josefs-Krankenhaus Freiburg/Breisgau (seit 2000)

Geboren 1949 in Bochum
Verheiratet, ein Sohn und drei Töchter

Medizinstudium in Freiburg und Kiel

Weiterbildung im Bereich Gynäkologie und Geburtshilfe an den Universitäts-Frauenkliniken Münster, Freiburg und Basel

Habilitation und Schwerpunkt „Operative Gynäkologie und Onkologie" an der Universitäts-Frauenklinik Freiburg

Klinische Tätigkeit und wissenschaftliches Interesse an malignen Erkrankungen des weiblichen Genitale und der Brust, experimentelle Untersuchungen zur individuellen Chemosensibilität humaner Tumoren

Entsprechende Publikationen in nationalen und internationalen Zeitschriften und Buchbeiträge

Gründungsmitglied der Deutschen Gesellschaft für Senologie
Mitglied diverser Fachgesellschaften

Nachgefragt

Traumberuf
Zur See fahren

Lieblingsstadt
New York

Lieblingsfilm
„Some like it hot" von Billy Wilder

Lieblingsbuch
„Der Zauberberg" von Thomas Mann

Lieblingsmusik
Opern und Singspiele von W. A. Mozart

Stärken
Zuverlässigkeit, Beharrungsvermögen

Schwächen
Ungeduld

Freizeitbeschäftigung
Lesen, Reisen, Bildende Kunst

Sport
Schwimmen, Rad fahren, Wandern

Lebensmotto
„Quidquid agis prudenter agas et respice finem."
„Was du tust, so bedenke das Ende."
Sirach 7, 40

Schwäbische Maultaschen

Zubereitung

Aus Mehl, Eiern und etwas Wasser einen festen Teig kneten.

Der Teig muss fest und glatt sein. Die Teigkugel ruhen lassen.

Für die Füllung die Schalottenwürfel in Butter andünsten und die Petersilie dazugeben. Falls Hackfleisch verwendet wird, dieses mit anbraten. Alle weiteren Zutaten gut mischen.

Den Nudelteig dünn zu einem Rechteck ausrollen. Eine Teighälfte mit der Füllung bestreichen. Die restliche Teighälfte darüber klappen. Durch Druck mit einem Kochlöffelstiel den gefüllten Teig in gleich große Rechtecke (ca. 8 x 6 cm) teilen.

Die Maultaschen in sprudelnd kochendes Salzwasser legen und 10 – 15 Minuten ziehen lassen. Sie dürfen nicht kochen.

Beilagen

Die Maultaschen werden in einer kräftigen Rinderbrühe gereicht oder mit goldbraun gedünsteten Zwiebeln „geschmälzt" und zu Kartoffelsalat serviert.

***Zutaten** (für 4 Personen)*

Nudelteig: 500 g Mehl
4 Eier
Wasser

Füllung: 300 g gekochtes Rindfleisch (durch den Fleischwolf gedreht) oder gemischtes Hackfleisch

200 g Kalbsbrät

2 Schalotten (fein gewürfelt)

1 großer Bund Petersilie (fein gehackt)

2 Brötchen (als Würfel geröstet)

2 Eier

1 EL Butter

Salz, Pfeffer, Muskat

Getränk

Laufener Altenberg Gutedel
Weingut Stefan Hess, Gottenheim

Univ.-Prof. Dr. Heinz Kölbl

Direktor der Klinik und Poliklinik für Geburtshilfe und Frauenkrankheiten der Universität Mainz

Geboren 1957 in Wien
Verheiratet 1987 mit Frau Margot, keine Kinder

Medizinstudium und Promotion in Wien
Erteilung der Venia docendi für Geburtshilfe und Frauenheilkunde
Habilitation „Funktionelle und therapeutische Aspekte der weiblichen Stressharninkontinenz“
Stellvertretender Vorstand der Abteilung für Gynäkologie und Geburtshilfe der Universitäts-Frauenklinik Wien
Gastprofessuren: University of Arizona, Tucson und University of California, Los Angeles (USA)
Direktor der Universitätsklinik und Poliklinik für Gynäkologie Martin-Luther-Universität, Halle/Saale, danach in Mainz
Member of the International Board of Consultants on Urinary Incontinence WHO-ICI-ICS
Vorstandsmitglied der European Society of Pelvic Surgery
Präsident der European Urogynecology Association
Vorstandsmitglied der Arbeitsgemeinschaft Urogynäkologie und rekonstruktive Beckenbodenchirurgie der Deutschen Gesellschaft für Gynäkologie und Geburtshilfe
Mitglied des Executive Committee des European Board and College of Obstetrics and Gynaecology; Chairman Scientific Committee International Urogynaecological Association; Vizepräsident der Deutschen Kontinenzgesellschaft
Wissenschaftspreise der Arbeitsgemeinschaft Urogynäkologie der Deutschen Gesellschaft für Gynäkologie und Geburtshilfe (1995 und 2000), der International Urogynaecological Association (2000) und der EBCOG 2002

Nachgefragt

Traumberuf
Konzertorganist

Lieblingsstadt
Wien

Lieblingsfilm
„Tod in Venedig“

Lieblingsbücher
Biographien über Johann Sebastian Bach und Albert Schweitzer

Lieblingsmusik
Barock, Messen

Stärken
Dynamik

Schwächen
Nicht härter durchzugreifen

Freizeitbeschäftigung
Musik, Literatur, Kochen

Sport
Rad fahren

Lebensmotto
„I did it my way.“

Getränk

Rosso di Montefalco, Italien

Scottiglia Toskana – Gemischter Schmorbraten

Für eine Scottiglia gibt es genau genommen kein allgemein verbindliches Rezept, denn man kann dafür so gut wie alle Fleischsorten verwenden. In Gegenden, in denen viel Weidewirtschaft betrieben wird, bereitet man die Scottiglia auch mit Lamm- oder Hammelfleisch zu. Das folgende Rezept dient daher eher als Leitfaden. Der Reiz des Gerichtes liegt jedoch in der Zusammenstellung verschiedener Fleischsorten, weshalb man es – um eine möglichst große Vielfalt zu erreichen – gleich für einen größeren Personenkreis zubereiten sollte.

Zubereitung

Es empfiehlt sich, das Kaninchenfleisch vor dem Braten zu „reinigen". Dazu in Portionsstücke zerteilen und in 1 EL Olivenöl scharf anbraten, bis die streng schmeckende Flüssigkeit aus dem Fleisch austritt. Die Kaninchenteile aus der Pfanne heben und die Flüssigkeit abgießen. Das Hähnchen, das Schweinefleisch und auch das Kaninchen in mundgerechte Stücke schneiden. 3 EL Olivenöl in einem großen Schmortopf erhitzen und die Fleischstücke darin anbraten. Zwiebel und Sellerie fein würfeln.

Die Rosmarinblättchen vom Stängel zupfen und fein hacken. Gemüse und Rosmarin zum Fleisch geben und 5 Minuten mitdünsten. Den Rotwein angießen und einkochen lassen. Die Brühe hinzufügen und weiterschmoren. Die Tomaten abtropfen lassen, mit einer Gabel zerdrücken und unter das Fleisch rühren. Salzen und pfeffern und bei milder Hitze ca. 60 Minuten schmoren.

Beilage

8 große Scheiben (toskanisches) Weißbrot mit 2 Knoblauchzehen

Zutaten (für 8 Personen)

1 kleines Kaninchen
1/2 Hähnchen
400 g Schweinefleisch
6 EL Olivenöl extra vergine
1 Zwiebel
1 Selleriestange
1 Rosmarinzweig
1 Glas Rotwein
1 Tasse Brühe
1 große Dose geschälte Tomaten
Salz, Pfeffer aus der Mühle

Prof. Dr. Rolf Kreienberg

Direktor der Universitäts-Frauenklinik Ulm (seit 1992)

Geboren 1946 in Kaiserslautern

Verheiratet, eine Tochter

Nach Medizinstudium, Promotion, Medizinalassistentenzeit und Approbation in Mainz. Wehrdienst als Stabsarzt in der Marine

Facharztausbildung und wissenschaftlicher Mitarbeiter an der Klinik für Frauenheilkunde und Geburtshilfe der Universität Mainz

Habilitation über „Untersuchungen zur klinischen Bedeutung der Zell-Elektrophorese und anderer Tumormarker in der Diagnostik und Verlaufsbeobachtung gynäkologischer Malignome"

1983 Venia legendi für das Fach Frauenheilkunde und Geburtshilfe

Ernennung zum Professor auf Lebenszeit

Kurze Tätigkeit als geschäftsführender Leiter der Klinik und Poliklinik für Geburtshilfe und Frauenheilkunde der Universität Mainz

Mitglied im wissenschaftlichen Beirat der „Aktion Bewusstsein für Brustkrebs e.V."

Nachgefragt

Traumberuf
Hotelfach

Lieblingsstadt
Ulm

Lieblingsfilm
„Wem die Stunde schlägt"

Lieblingsbuch
„Im Westen nichts Neues" von Erich Maria Remarque

Lieblingsmusik
Rod Steward

Stärken
Teamfähigkeit

Schwächen
Ungeduld

Freizeitbeschäftigung
Golf, Segeln

Lebensmotto
„Geht nicht, gibt's nicht!"

Zutaten (für 4 Personen)

- 250 g Kalbsleber
- 250 g Rindsleber
- 250 g Schweinekamm ohne Knochen
- 4 altbackene Wasserwecken
- 2 Eier
- 2 Zwiebeln
- 1 Bund Petersilie
- 1 EL Majoran
- Salz, Peffer
- 2 l Suppen-Bouillon

„Lewwerknepp" – Pfälzer Leberknödel

Leberknödel werden in der Pfalz besonders gerne gegessen. Bei jeder „Kerwe" (Kirchweih) – jeder „Kerb" – ganz gleich in welcher Gegend, sind sie ein fester Bestandteil. Am „Kerbemontag" wird „Gekochtes mit Kraut" gegessen, das sind gekochte Schweinefüßchen, Leiterchen (dünne Rippchen) und Schweinebruststücke. Am „Kerbedienstag" gibt es überall – ob daheim oder im „Wertshaus" – „Lewwerknepp mit Kraut". Das riecht man schon draußen auf der Straße und darf sich freuen. In manchen Gegenden werden zu den „Lewwerknepp" ausgeschmelzte Dörrfleischwürfel samt Bratfett gegessen – bekannt ist auch eine dunkle „Zwiwwelsoß" (Zwiebelsauce) – oder aber eine dickliche Fleischsauce.

Zubereitung

Die Wasserwecken in Scheiben schneiden und mit 1/2 Liter kochendem Wasser übergießen. 15 Minuten ziehen lassen.

Inzwischen die Kalbsleber, die Rinderleber, den Schweinekamm, die geschälten Zwiebeln und die Petersilie zweimal durch die feinste Scheibe des Fleischwolfs treiben.

Dann die eingeweichten Wecken sehr fest ausdrücken und ebenfalls durch den Fleischwolf drehen. Die Eier, den Majoran, reichlich Salz und Pfeffer zum Fleischteig geben und sehr gut miteinander verarbeiten. Die Bouillon zum Kochen bringen. Mit einem größeren Löffel ovale Knödel von dem weichen Teig abstechen und in der siedenden Bouillon ca. 15 Minuten gar ziehen lassen.

Beilagen

Sauerkraut und Salzkartoffeln

Getränk

Riesling 2006 trocken
Weingut Dr. von Bassermann-Jordan
Deidesheim/Pfalz

Prof. Dr. Ernst Kubista

Vorstand der Abteilung für Spezielle Gynäkologie
Zentrum für Brusterkrankungen – Medizin Universität Wien

Geboren 1944 in Baden bei Wien
Verheiratet, ein Sohn und eine Tochter

Medizinstudium in Wien
Auslandsaufenthalte zur wissenschaftlichen Forschung am Memorial Sloan-Kettering Cancer Center in New York, an der Universität von Paris und im Allunion-Forschungs-Institut in Moskau

1993 Professur an der Medizinischen Universität Wien
Senatsmitglied der neu gegründeten Medizinischen Universität Wien
Mitglied des Obersten Sanitätsrates der Republik Österreich
Nationaler und internationaler Experte mit Schwerpunkt „gynäkologische Onkologie und Brustkrebs"

Über 500 wissenschaftliche Publikationen, mehrere Bücher und Buchbeiträge. Initiator und Leiter zahlreicher internationaler Studien. Vorstandsmitglied der AGO (Arbeitsgemeinschaft gynäkologische Onkologie) und der Österreichischen Gesellschaft für Geburtshilfe und Gynäkologie. Gründungsmitglied, Präsident und Vorstandsmitglied der Österreichischen Gesellschaft für Senologie; Mitglied im wissenschaftlichen Beirat der „Aktion Bewusstsein für Brustkrebs e.V."

Nachgefragt

Traumberuf
Tierarzt

Lieblingsstadt
Wien

Lieblingsfilm
„Und täglich grüßt das Murmeltier"

Lieblingsbuch
„Don Carlos" von Friedrich von Schiller

Lieblingsmusik
Pjotr I. Tschaikowski, Frank Sinatra

Stärken
Ausdauer, Durchsetzungsvermögen, Gerechtigkeitssinn

Schwächen
Manchmal zu emotional

Freizeitbeschäftigung
Oper, Theater, Konzert, Garten

Sport
Rad fahren, Tennis, Wandern nach dem Motto: „Alles mit Maß und Ziel"

Wiener Tafelspitz

Zubereitung

Die Zwiebel halbieren; in einer Pfanne an der Schnittfläche sehr dunkel, fast schwarz braten.
Das Wurzelwerk waschen und schälen. Fleisch und Knochen warm abwaschen.
Das Wasser zum Kochen bringen.
Fleisch, Knochen, Zwiebel und Pfefferkörner in das Wasser geben; schwach wallend kochen.
Eine halbe Stunde vor Garende Wurzelwerk, Lauch, Liebstöckel und Salz beigeben; den Schaum ständig abschöpfen.
Das fertig gegarte Fleisch aus der Suppe heben. Die Suppe würzen und durch ein feines Sieb oder Tuch seien. Das Fleisch in fingerdicke Tranchen schneiden (quer zur Faser); mit Suppe begießen. Mit Salz und Schnittlauch bestreuen. 2 bis 2 1/2 Stunden schwach köchelnd kochen.

Klassische Beilagen

Röstkartoffeln, Cremespinat, Apfelkren (Meerrettich), Schnittlauchsauce

Getränke

Weißwein: Grüner Veltliner oder Riesling aus der Wachau
Rotwein: Zweigelt aus dem Burgenland

Zutaten (für 4 Personen)

1 kg Tafelspitz (Rosenspitz, Schwanzstück, Bürgermeisterstück)

1 Zwiebel mit Schale

150 g Wurzelwerk (Sellerie, gelbe Rüben, Karotten, Petersilienwurzel)

etwas Lauch

einige Pfefferkörner, Salz, etwas Liebstöckel

ca. 2,5 l Wasser

1/2 kg Rindsknochen

2 EL Schnittlauch geschnitten

Prof. Dr. Peter Mallmann

Direktor der Klinik und Poliklinik für Frauenheilkunde und Geburtshilfe der Universität zu Köln

Geboren 1958 in Ludwigshafen/Rhein
Verheiratet, sechs Kinder zwischen 2 und 20 Jahren:
Vier Mädchen und zwei Jungen

Preisträger bei Jugend forscht
Medizinstudium der Humanmedizin in Bonn
Assistentenausbildung an der Universitäts-Frauenklinik Bonn, 1989 Oberarzt
1991 Habilitation über die Immunologie und Immuntherapie des Mammakarzinoms
Aufenthalt am Pittsburgh Cancer Institut (USA)
1996 Übernahme des Lehrstuhls und Leitung der Universitäts-Frauenklinik Köln
Wissenschaftlicher Schwerpunkt Immunologie und Immuntherapie des Mammakarzinoms
Klinischer Schwerpunkt: Gynäkologie und Onkologie
Mehrere Forschungspreise, Lehrpreis der Universität Köln
Vorsitzender der Arbeitsgemeinschaft Immunologie in der Gynäkologie und Geburtshilfe (AGIM), Mitglied zahlreicher Fachgesellschaften

Nachgefragt

Traumberuf
Landwirt

Lieblingsstadt
Venedig

Lieblingsfilm
„Und dann kam Polly"

Lieblingsbuch
„Generation Golf" von Florian Illies

Lieblingsmusik
Trompeten-Konzerte von Maurice André

Stärken
Belastbarkeit, Humor

Schwächen
Ungeduld

Freizeitbeschäftigung
Meine Kinder

Sport
Alle privaten und beruflich notwendigen Wege innerhalb Kölns werden mit dem Fahrrad zurückgelegt, insgesamt 4.000 km im Jahr. Sonst alle Arten des Wassersports, besonders Surfen, Segeln, Rafting, Schwimmen

Spaghetti Carbonara

Zubereitung

Die Spaghetti in reichlich Salzwasser „al dente" kochen. Bacon würfeln und in Olivenöl braten.

Zwiebeln pellen, schneiden, zum Speck geben und glasig dünsten. Die Sahne dazu gießen und aufkochen lassen; den Käse unterrühren.

Nach Geschmack mit Salz und Pfeffer würzen. Sauce nochmals aufkochen lassen und vom Herd nehmen; das Ei verquirlen und unterrühren.

Die Spaghetti abgießen und sofort tropfnass unter die Sauce mischen; nochmals mit Pfeffer würzen.

Mit Parmesan-Käse nach Bedarf bestreuen.

Getränk

Eiskaltes Reissdorf-Kölsch, 6 Monate gelagert

„Zum Leidwesen meiner Familie habe ich einen außerordentlich einfachen Geschmack."

Zutaten (für 4 Personen)

400 g Spaghetti

200 g Bacon

4 Zwiebeln

2 Eier

1/2 l Schlagsahne

200 g Parmesan (gerieben)

4 EL Öl

Salz, Pfeffer aus der Mühle

Prof. Dr. Hans-Gerd Meerpohl

Direktor der Frauenklinik St. Vincentius-Kliniken Karlsruhe (seit 1993)

Geboren 1946 in Beckum (Westfalen)
Verheiratet, zwei Söhne und eine Tochter

Medizinstudium in Freiburg, Wien, Kiel

Stipendiat der Deutschen Forschungsgemeinschaft am Max-Planck-Institut für Immunologie in Freiburg

Facharztausbildung und Habilitation an der Frauenklinik der Albert-Ludwigs-Universität Freiburg

Wissenschaftliche Schwerpunkte: gynäkologische Onkologie und die Behandlung von Brustkrebs

Mehr als 100 wissenschaftliche Publikationen, Buchautor sowie Verfasser zahlreicher Buchbeiträge

Leiter klinischer Studien im Bereich der gynäkologischen Onkologie mit dem Schwerpunkt Ovarialkarzinom

Mitglied nationaler und internationaler wissenschaftlicher Fachgesellschaften (u. a. DGGG, DKG, IGCS, ESGO und ASCO)

Gründer und Vorsitzender des Vereins zur Förderung der klinischen Forschung in der gynäkologischen Onkologie e.V., Karlsruhe

Nachgefragt

Traumberuf
Arzt

Lieblingsstadt
Stockholm

Lieblingsfilm
„Alexis Sorbas“

Lieblingsautor
Kurt Tucholsky

Lieblingsmusik
Klassische Musik mit dem Schwerpunkt Kammermusik

Lieblingskomponisten
Bach, Händel, Beethoven, Schubert

Stärken
Physische Belastbarkeit, Ausdauer, Sorgfalt

Schwächen
Kann schlecht „nein“ sagen

Freizeitbeschäftigung
Konzert- und Opernbesuche, Städtereisen

Sport
Rad fahren, Ski alpin , Ski-Langlauf, Ski-Touren

Spargel mit „Kratzete“ (ein typisch badisches Gericht)

Zutaten (für 4 Personen)

2 kg frischer daumendicker Stangen-Spargel

150 g Weizenmehl

3/8 l Milch

1 Prise Salz

4 Eier

Fett zum Backen

Beilagen

Sauce Hollandaise; gekochter und/oder roher magerer Schinken, dünn geschnitten

Getränk

Frischer Riesling von der Nahe oder aus der Ortenau

Zubereitung

Das Mehl in der Milch mit Salz glattrühren. Eier dazuschlagen und diesen Teig ganz dünn in wenig heißem Fett auf einer Seite goldgelb zu Pfannkuchen backen.

Den Pfannkuchen umwenden und mit Esslöffel und Gabel in kleine Streifen zerreißen oder kratzen, daher „Kratzete“.

Spargel sorgfältig schälen und in einen Topf mit gesalzenem Wasser hineinlegen.

Das Wasser sollte nicht stark kochen. Kochdauer je nach Dicke ca. 15 – 20 Minuten.

Spargel muss „al dente“ sein und darf nicht „schlaff“-gekocht werden.

Abgetropft auf warmer Platte anrichten.

Prof. Dr. Dr. Elisabeth Merkle

Fachärztin für Frauenheilkunde und Geburtshilfe
niedergelassen in Bad Reichenhall (seit Februar 2003)
Zweiter Praxissitz in Stuttgart (nur Wahlleistungspatientinnen)

Geboren 1953 in Schwandorf (Bayern)
Verheiratet

Medizinstudium in Regensburg und Erlangen

Wissenschaftliche Ausbildung an der Universitäts-Frauenklinik in Erlangen; dort auch Habilitation

Ärztliche Direktorin der städtischen Frauenklinik Berg in Stuttgart von 1995 – 2003

Umhabilitation an der Universität Tübingen

Mitglied der medizinischen Fakultät der Universität Tübingen

Fachherausgeber Gynäkologie für „ProCompliance – Patientenaufklärungsbögen“

NACHGEFRAGT

Traumberuf
Ärztin

Lieblingsstadt
Baden-Baden

Lieblingsfilm
„Das Boot“ von Wolfgang Petersen

Lieblingsbuch
Alle Bücher von Peter Scholl-Latour

Lieblingsmusik
Ludwig van Beethoven

Stärken
Beharrlichkeit, Durchsetzungsvermögen, Zielstrebigkeit

Schwächen
Ungeduld, gutes Essen

Freizeitbeschäftigung
Klavier spielen

Lebensmotto
„Gehe mit anderen Menschen so um, wie Du möchtest, dass man Dir begegnet.“

Zutaten (pro Person)

1 Wolfsbarsch ca. 400 g

1 Salbeiblatt

1 Thymianzweig

1 Rosmarienzweig

1 Kerbelstängel

1 Bund Petersilie

1 Lorbeerblatt

5 bunte Pfefferkörner

2 Eiweiß

1,5 bis 2 kg grobes Salz (Brezensalz)

Wolfsbarsch in der Salzkruste

Zubereitung

Den Fisch ausnehmen, waschen und im Ganzen belassen. Die Kräuter in den Bauch des Wolfsbarsches geben. Eiweiß in einer Schüssel steif schlagen und mit dem groben Salz vermengen.
Einen Teil der Salzmasse auf eine feuerfeste Platte geben, den Fisch draufsetzen und mit der restlichen Salzmasse einpacken. Anschließend den Salzmantel mit angefeuchteten Händen am Fisch fest andrücken. Backofen vorheizen; bei 175 °C 27 – 30 Minuten backen.
Die Salzkruste mit einem Fleischhammer vorsichtig aufklopfen und die Salzkrustenstücke abnehmen. Etwas zerlassene Butter über den Fisch geben. Mit Salzkartoffeln servieren.

Beilage

Salzkartoffeln

Getränk

Trockener Riesling

Prof. Dr. Dr. Mechthild Neises

Leiterin des Funktionsbereiches Psychosomatische Gynäkologie und Geburtshilfe an der Medizinischen Hochschule Hannover

Geboren 1950 in Wasserliesch/Mosel

Wahlfamilie: Andres Ploeger mit Tochter Nele

Studium der Fächer Ernährungswissenschaften, Biologie und Medizin an den Universitäten Bonn, Berlin und Hannover

Promotionen im Fach Biochemie in der Biologie und im Fach Psychoneuropharmakologie in der Medizin an der FU Berlin

Habilitation zum Thema „Krankheitsverlauf von Patientinnen mit Mammatumoren – immunologisch-endokrinologische und psychometrische Parameter" 1995 an der Klinischen Fakultät Mannheim der Universität Heidelberg

Seit 1988 Fachärztin für Gynäkologie und Geburtshilfe, 10-jährige Tätigkeit als Oberärztin, zuletzt Geschäftsführende Oberärztin an der Universitäts-Frauenklinik Mannheim, Klinische Fakultät der Universität Heidelberg

Weiterbildung im Fachgebiet Psychotherapie und Psychosomatik am Weiterbildungsinstitut für tiefenpsychologisch fundierte Psychotherapie, Heidelberg

Abschluss 1998 mit dem Zusatztitel „Psychotherapie"

Mitarbeit in vielfältigen Gremien, so in der Ärztekammer Nordbaden bis 1997. Von 1996 – 2005 Präsidentin der Deutschen Gesellschaft für Psychosomatische Frauenheilkunde und Geburtshilfe (DGPFG), jetzt Pastpräsidentin. 2003 – 2006 1. Vorsitzende der Allgemeinen Ärztlichen Gesellschaft für Psychotherapie (AÄGP), seit 2006 stellv. Vorsitzende der Deutschen Gesellschaft für Psychosomatische Medizin und Ärztliche Psychotherapie (DGPM).

Arbeits- und Forschungsschwerpunkte:
Psychologische Aspekte der Lebensqualität und Krankheitsbewältigung sowie Psychoimmunologie, Einfluss von lebensverändernden Ereignissen auf den Verlauf der Mammakarzinomerkrankung (DFG-gefördertes Projekt)

Herausgabe von 2 Lehrbüchern im Bereich der psychosomatischen Frauenheilkunde und Mitarbeit an Lehrbüchern der Frauenheilkunde und der Psychosomatischen Medizin

Nachgefragt

Traumberuf
Unterstützung von Frauen in jedweder Profession

Lieblingsstadt
Trier

Lieblingsfilm
„Die letzte Metro" von Francois Truffaut mit Catherine Deneuve

Lieblingsbuch
„Gedichte für's Gedächtnis zum Inwendig-Lernen und Auswendig-Sagen" von Ulla Hahn

Lieblingsmusik
The Doors „Riders on the Storm" und Callas „La Divina"

Stärken
Zielstrebig, klar, verantwortlich

Schwächen
Ungeduldig, eigensinnig, übertriebene Ordnungsliebe (sagt mein Mann)

Freizeitbeschäftigung
Gartenarbeit, Lesen und Musik hören, Zeit für Familie und FreundInnen

Sport
Schwimmen, Ski laufen und Walken

Getränke

Spätburgunder Rosé aus der Pfalz und Mineralwasser

Seeteufel aus dem Ofen

Zubereitung

Zunächst wird das Gemüse vorbereitet: die Tomaten vierteln und grob schneiden; die Zucchini längs halbieren und in Scheiben schneiden. Petersilie und Thymian hacken. Den Seeteufel kann man küchenfertig kaufen. Im Ganzen wird er in eine ofenfeste Form gelegt, mit einer halben Zitrone, die unbehandelt ist, in dünnen Scheiben belegt und mit Petersilie und Thymian bestreut. Die Tomaten und Zucchini drum herum verteilen; mit Salz und Pfeffer würzen. Wer den Geschmack schätzt, kann eine Knoblauchzehe in Scheiben hinzugeben. Mit etwa 6 EL Weißwein und ca. 6 EL Olivenöl begießen und im vorgeheizten Ofen bei 200 °C auf der 2. Schiene von unten für etwa 30 Minuten garen (keine Umluft).
Zubereitungszeit: eine knappe Stunde. Pro Portion 1427 kj (340 kkal).

Beilagen: Röstkartoffeln

Abgekühlte Pellkartoffeln in Würfel schneiden und in 2 EL Olivenöl gemischt mit 1 EL Paprikapulver schwenken. Mit Salz und Pfeffer würzen. Im vorgeheizten Ofen (ca. 200 °C) 15 Minuten backen, ab und zu wenden.

Dessert: Karamellisierte Orangen

Für den Knuspereffekt werden 60 g Karamellbonbons grob gehackt und mit 2 EL Orangensaft zum Schmelzen gebracht. 4 EL Mandelstifte und 4 EL Kürbiskerne hinzugeben. Die Masse auf Backpapier geben und abkühlen lassen. Die geschälten Orangen in Scheiben schneiden. Die restlichen 100 g Karamellbonbons mit 200 ml Orangensaft langsam schmelzen, aufkochen und in Scheiben geschnittene Orangen darin 1 – 2 Minuten glasieren und in eine Schüssel füllen. 200 g Erdbeeren putzen, waschen und vierteln und zu den Orangen geben. Krokant in Stücke brechen und darüber streuen, evtl. noch Schlagsahne.

Zutaten (für 4 Personen)

800 g Seeteufelfilet
400 g Tomaten
200 g Zucchini
30 g schwarze Oliven
1 Bund Petersilie
1/2 Bund Thymian
1/2 Zitrone
1 Knoblauchzehe
1/4 l Weißwein und Olivenöl
zum Würzen: Salz, Pfeffer

Karamellisierte Orangen

160 g Karamellbonbons
4 EL Mandelstifte
4 EL Kürbiskerne
4 Orangen
200 g Erdbeeren
1 Becher Schlagsahne
Orangensaft

Prof. Dr. Wolfram Niedner

Chefarzt der Frauenklinik am Krankenhaus Bethanien in Moers (seit 1989)
Leiter des Brustzentrums linker Niederrhein

Geboren 1943 in Jena

Medizinstudium, klinische Ausbildung und Promotion zum Dr. sc. med. an der Universität Jena und an der Medizinischen Akademie in Erfurt

1976 – 1981 Oberarzt, danach Stellvertretender Klinikdirektor der Frauenklinik der Medizinischen Akademie in Erfurt

1984 – 1985 Associated Professor of Obstetrics and Gynaecology an der Addis Abeba Universität mit Leitung der Gynäkologisch-geburtshilflichen Abteilung des Gondar College of Medical Science in Äthiopien

1985 Flucht in die Bundesrepublik Deutschland, danach Leitender Oberarzt am Zentrum für Frauenheilkunde der Universität Münster Mitglied der Medizinischen Fakultät der Wilhelms-Universität und Stellvertretender Klinikdirektor

Wissenschaftliche Schwerpunkte: Geburtshilfe und Perinatologie, Pathophysiologie, operative Techniken und onkologische Fragestellungen. Über 90 Publikationen, 2 Lehrbuchbeiträge, über 270 wissenschaftliche Vorträge auf nationalen und internationalen Kongressen

Sekretär der Gesellschaft für Perinatale Medizin der DDR

Mitgliedschaft in den Gesellschaften für Gynäkologie und Geburtshilfe, Perinatale Medizin, Senologie, Thrombose- und Hämostaseforschung, Plastische und Wiederherstellungschirurgie in der Gynäkologie, Inkontinenzhilfe

Nachgefragt

Traumberuf
Antiquitätenspezialist

Lieblingsstadt
Rom

Lieblingsfilm
„Der Geist aus der Dunkelheit"

Lieblingsbücher
Curt Goetz-Memoiren

Lieblingsmusik
Chopin

Stärken
Durchstehvermögen

Schwächen
Gutmütigkeit

Freizeitbeschäftigung
Jagen, Keramik besonders Steinzeug sammeln

Sport
Golf

Lebensmotto
„Es ist im Leben niemals so schlimm, dass es nicht noch schlechter kommen könnte."

Beilagen

Thüringer Kartoffelklöße, Rotkraut mit Apfelmus und Preiselbeeren

Getränk

Bordeaux Rotwein

Wildschweinbraten mit Thüringer Klössen

Zubereitung

Den küchenfertigen Wildschweinbraten unter fließendem Wasser waschen, trockentupfen und mit Salz und Pfeffer kräftig würzen. Die Knoblauchzehen schälen, durchpressen und mit dem Majoran und der Zitronenschale vermischen. Das Fleisch mit der Gewürzmischung einreiben.

Butterschmalz in einem passenden Bräter erhitzen und den Braten darin rundherum scharf anbraten. Zwiebeln und Suppengrün grob zerkleinern und beiseite stellen.

Das Fleisch im auf 200 °C vorgeheizten Backofen ca. 65 Minuten garen. Zuvor etwas Rotwein und Wildfond sowie die Wacholderbeeren, das Lorbeerblatt und die Pimentkörner zugeben. Nach und nach Rotwein und Wildfond angießen. Nach ca. 30 Minuten Garzeit auch das beiseite gestellte Gemüse zugeben. Nach dem Ende der Garzeit den Braten herausnehmen, ruhen lassen und warm stellen. Die Sauce durch ein Sieb streichen, einkochen und mit Salz, Pfeffer, Sahne, Cognac und Zucker verfeinern.

Thüringer Klöße: *Die rohen Kartoffeln reiben, auspressen, Wasser abgießen, Stärke zu den ausgepressten Kartoffeln geben und gut mischen. Grob geschnittene Kartoffeln (1/3) weich gekocht zu Brei stampfen. Den Brei über die rohe Kartoffelmasse gießen. Den Teig gründlich durchrühren, mit Salz, Pfeffer und Majoran würzen und daraus Klöße formen. Die Klöße in sprudelnd kochendes Salzwasser geben, Hitze herunterschalten und 20 Minuten ziehen lassen. Das Fleisch in Scheiben schneiden und mit Kräuterzweigen garniert anrichten. Die Klöße mit dem Rotkraut auf einer Platte anrichten.*

Zutaten (für 4 Personen)

1 Wildschweinkeule ca. 1,5 kg
1 Bund Suppengrün
2 kleine Zwiebel
2 Knoblauchzehen
3 Wacholderbeeren
1 Lorbeerblatt
3 Pimentkörner
1 EL Majoran
1 EL geriebene Zitronenschale
3 EL Butterschmalz
500 ml Wildfond
1/2 l süße Sahne
3 kg mehlig kochende Kartoffeln
je 1 Zweig Rosmarin und Thymian
1 Flasche Bordeaux Rotwein
50 ml alter französischer Cognac
Salz, Zucker, Pfeffer aus der Mühle
1 kg Rotkraut
1 Glas Apfelmus
1 Glas Preiselbeeren

Prof. Dr. Eckhard Petri

Chefarzt der Frauenklinik Helios-Kliniken Schwerin

Leiter des Tumorzentrums West-Mecklenburg/Schwerin
Leiter der interdiziplinären Palliativstation

Geboren 1949 in Worms/Rhein
Verheiratet, eine Tochter und zwei Söhne

Medizinstudium in Mainz und Columbus (Ohio)
Urologische Ausbildung bei Prof. Hohenfellner in Mainz
Universitäts-Frauenklinik Mainz bei Prof. Friedberg

Nationaler und internationaler Experte im Bereich der „Urogynäkologie", dabei Gründungsmitglied bzw. Sekretär der internationalen, amerikanischen und deutschen Gesellschaften für Urogynäkologie

5 Jahre Board of Directors der AUGS
Past-Präsident der internationalen und deutschen Fachgesellschaft, Vorstandsmitglied der AG der Tumorzentren

Über 250 wissenschaftliche Publikationen, 5 Bücher (z. T. in mehreren Auflagen), 80 Buchbeiträge

Nachgefragt

Traumberuf
Arzt

Lieblingsstadt
Buenos Aires

Lieblingsfilm
„Casablanca"

Lieblingsbuch
„Deutschstunde" von Siegfried Lenz

Lieblingsmusik
Johann Sebastian Bach

Stärken
Energie und Durchsetzungsvermögen

Schwächen
Zu offen und ehrlich

Freizeitbeschäftigung
Familie, Konzertbesuche

Sport
In der Jugend Ruderer, jetzt zu wenig

Zutaten (für 4 Personen)

125 g entsteinte Backpflaumen

1/4 l Rotwein (auch Fleischbrühe möglich – Rotwein aber besser)

400 g säuerliche Äpfel

50 g Semmelmehl

50 g Rosinen

3 Eigelb

Zimt, Nelken, Salz
schwarzer Pfeffer aus der Mühle

1 kg Schweinebrust (vom Fleischer eine Tasche einschneiden lassen)

1 EL Schmalz

2 TL Speisestärke

Mecklenburger Rippenbraten

Zubereitung

Backpflaumen ca. 30 Minuten in Rotwein einweichen. Äpfel schälen, entkernen und in Scheiben schneiden. Die abgetropften Pflaumen klein schneiden, zusammen mit den Apfelscheiben, Gewürzen, Semmelmehl, Rosinen und Eigelb vermischen.

Inzwischen den Backofen auf 210 °C vorheizen. Die Füllung in die Schweinebrust geben und die Tasche mit Küchengarn oder kleinen Schaschlikspießchen verschließen.

Rippe mit Salz und Pfeffer einreiben, evtl. Schwarte einritzen. Schmalz in einem Schmortopf heiß werden lassen, die Rippe ringsum gut anbraten. Nun den Braten mit etwas Wasser ablöschen und im vorgeheizten Ofen etwa 90 Minuten garen. Von Zeit zu Zeit den Braten mit etwas Rotwein und dem Bratenfond übergießen.

Den Bratensatz mit Wasser oder Brühe ablöschen und aufkochen lassen, anschließend mit der angerührten Speisestärke abbinden.

Den Mecklenburger Rippenbraten auf einer leicht angewärmten Servierplatte anrichten und mit Kartoffelknödeln und Apfelrotkohl servieren. Ein deftiges Gericht für Herbst und Winter.

Getränke

Sabazio Rosso di Montepulciano 2003 D.O.C.
Weingut La Braccesca-Antinori
Kaltes Mineralwasser

Beilagen

Kartoffelklöße und
Apfelrotkohl

Prof. Dr. Kurt Possinger

Direktor der Medizinischen Klinik und Poliklinik II für Onkologie und Hämatologie an der Charité in Berlin

Geboren 1946 in Ingolstadt an der Donau

Verheiratet, zwei Töchter und ein Sohn

Aufgewachsen im Herzen Oberbayerns, in der Hallertau, wo der weltberühmte Hallertauer-Hopfen wächst. Die Lust auf ein gutes Bier und damit der Spaß an einer bodenständigen, bayrisch-barocken Lebensweise wurde mir sozusagen in die Wiege gelegt.

Während der Studienzeit in München konnte ich Studium und Freizeit auf den Seen und im Gebirge gut miteinander vereinen.

Facharztausbildung in München. Mit dem ersten Gehalt wurden nicht nur Segeln und Tennisstunden möglich, sondern auch Reisen in die südlichen Nachbarländer.

Die Freude an der Wissenschaft und an der Behandlung von Patienten führte mich zur Habilitation und zum Professor der Ludwig-Maximilian-Universität am Klinikum Großhadern. Besonders interessant war es, einerseits im Hämatologischen Institut der Gesellschaft für Strahlen- und Umweltforschung als stellvertretender Leiter wissenschaftlich zu arbeiten und gleichzeitig Patienten in der Universitätsklinik zu betreuen.

Als meine Familie sich so richtig wohl in Bayern fühlte, kam 1993 der Ruf nach Berlin an die Charité. Mittlerweile fühlen wir uns auch hier gut zuhause. Dies wird uns dadurch erleichtert, dass die Bayerische Landesvertretung in Sichtweite ist und wir immer noch regelmäßig Ferien im Bayerischen machen. Die Kombination von München und Berlin hat sich als Lebenselixier erwiesen.

Mitglied im wissenschaftlichen Beirat der „Aktion Bewusstsein für Brustkrebs e.V."

Nachgefragt

Traumberuf
Geschichtsprofessor (Altertum)

Lieblingsstädte
München, Berlin, Florenz

Lieblingsfilm
„Harold and Maude"

Lieblingsbuch
„Himmelsjahrbuch" von Guillaume Cannat

Lieblingsmusik
Antonio Vivaldi

Stärken
Erst Nachdenken und dann entscheiden

Schwächen
Wenig schlagfertig

Freizeitbeschäftigung
Fotografieren, Lesen, Musik hören, Bergwandern, Segeln

Sport
Heimtrainer

Lebensmotto
Versuch der Nächstenliebe

Zutaten (für 4 Personen)

1,2 kg Schweinebraten (Rückenstück ohne Knochen)

Pfeffer aus der Mühle

Öl, Salz

4 EL süßer Senf

3 EL Kümmel

3 Möhren

1 Stange Lauch

2 Zwiebeln

1 Glas Bratenfond

1/8 l dunkles Bier

Serviettenknödel (für 4 Personen)

400 g Toastbrot

60 g Butter

400 g Mehl

4 Eier getrennt

Salz, Pfeffer aus der Mühle, Muskat

1/4 – 3/8 l Milch

Schweinebraten mit Serviettenknödeln

Zubereitung

Den Schweinerücken kurz waschen, mit der Küchenrolle trocknen und gut pfeffern.

In einer Alupfanne Öl erhitzen und den Braten von allen Seiten anbräunen. Herausnehmen, salzen, alle Seiten mit süßem Senf einpinseln und die Fettseite dicht mit Kümmel bedecken. Mit der Kümmelschicht nach oben in einen Bräter geben und im vorgeheizten Backofen bei 200 °C 30 Minuten braten.

Inzwischen Möhren und Zwiebeln schälen, vom Lauch die Wurzel und die äußerste Schicht entfernen. Möhren und Lauch längs halbieren und in 1 cm dicke Scheiben schneiden; die Zwiebeln grob würfeln. Das Gemüse mit etwas Öl ebenfalls in der Alupfanne goldbraun anbraten, salzen, mit etwas Bratenfond ablöschen und 5 Minuten schmoren. Das Gemüse mit der Sauce zum Braten geben und alles zusammen weitere 20 Minuten im Backrohr braten.

Nach Ende der Garzeit den Braten herausnehmen, in Alufolie wickeln und im ausgeschalteten Ofen warm halten. Den Gemüse-Bratensatz mit Bier ablöschen, alles über einem Topf in ein Sieb geben und durchpressen. Mit Bratenfond aus dem Glas ergänzen und sämig einköcheln lassen.
Den Schweinebraten aus der Folie nehmen, aufschneiden und mit Sauce servieren.

Beilagen: Serviettenknödel

Toastbrot in Würfel schneiden und mit Butter in einer Pfanne goldbraun rösten.
Mehl, Eigelb, Salz, Muskat und die Milch vermengen. Anschließend die Brotwürfel beigeben.
Das Eiweiß steif schlagen und vorsichtig unter die Teigmasse heben.

Eine Serviette mit kaltem Wasser anfeuchten. Die Knödelmasse in Laibform in die Mitte der Serviette geben, Serviette zusammenrollen und die beiden Enden mit einem Bindfaden fest zubinden; dabei an jeder Seite eine Schlaufe zum Aufhängen bilden. Salzwasser in einem hohen und breiten Topf aufkochen. Quer über den Topfrand einen Kochlöffel legen und den Knödel mit den Schlaufen daran befestigen, so dass er frei im kochenden Wasser hängt. 30 Minuten leicht kochen, dann den Knödel aus der Serviette nehmen und mit einem festen Zwirnfaden in dicke Scheiben schneiden; dazu den Faden um die Rolle legen und über Kreuz zusammenziehen.

Getränk

Dunkles Weizenbier

Dr. Mahdi Rezai

Direktor des Brustzentrums Düsseldorf Luisen-Krankenhaus

Geboren 1953 in Herat (Afghanistan)

Verheiratet, ein Sohn und eine Tochter

Chemiestudium in Bochum

Medizinstudium in Kabul, Paris und Düsseldorf

1990 – 1997 Oberarzt und Chefarztvertretung, Abteilung für Senologie an der Frauenklinik Düsseldorf-Gerresheim.

Seit 1997 Direktor des Brustzentrums Düsseldorf Luisen-Krankenhaus

Gastoperationen in Saudi-Arabien, Zypern, Indonesien, Brasilien, Italien und an den Universitäts-Frauenkliniken Lübeck, Ulm, Kiel, Düsseldorf und Charité Berlin

Fachliche Schwerpunkte: Onkologische und operative Therapie des Mammakarzinoms, Rekonstruktion und ästhetische Brustchirurgie, Entwicklung neuer Operationsverfahren

Tätigkeiten in Fachgesellschaften: Organisator der Düsseldorfer Brustkrebs Konferenz (DBCC), Schulungsleiter für Brustkrebs – Disease Management Programme, jährliche Live-Operations-Kurse beim Kongress des Berufsverbandes der Frauenärzte Nordrhein, Schulung der Ärzte im Rahmen des Mamma-Screenings für den operativen Teil, Gründung des German International Medical Center (GIMC) in Düsseldorf, Mitarbeit an der School of Oncology in Mailand

NACHGEFRAGT

Traumberuf
Arzt

Lieblingsstadt
Venedig

Lieblingsfilm
„Gladiator"

Lieblingsbuch
„Der alte Mann und das Meer" von Ernest Hemingway

Lieblingsmusik
Verdi

Stärken
Visionen zu realisieren und die richtige Frau gefunden zu haben

Schwächen
Zu wenig Platz, um alle zu nennen

Freizeitbeschäftigung
Zeit mit der Familie

Sport
Tennis, Joggen, Ski laufen

Lebensmotto
„Wer sich sagt, dass er seine Ziele erreichen kann, wird unweigerlich Erfolg haben." (Dalai Lama)

Auberginen mit Joghurt und Quark – Boranie Badenjan

Zubereitung

Die Auberginen streifig schälen, halbieren und längs in 1 cm dicke Scheiben schneiden. Danach mit Salz bestreuen und 1 Stunde ziehen lassen.

Die Auberginenscheiben trockentupfen und in einer Pfanne mit etwas Öl von beiden Seiten goldbraun anbraten, anschließend herausnehmen und auf Küchenpapier legen.

Salz, Pfeffer und gemahlenen Kurkuma mit 125 ml warmem Wasser verrühren.

Auberginenscheiben in der Pfanne schichten. Die Tomaten in Scheiben darauflegen und mit der Sauce übergießen. Bei milder Hitze 30 Minuten zugedeckt garen.

Quark und Joghurt (mild) mischen, die Knoblauchzehe durchpressen, eventuell etwas Wasser dazugeben und glatt verrühren; Salz und Pfeffer dazugeben.

Auf einer großen Servierplatte 2/3 des Quarks dünn verstreichen.

Auberginen und Tomaten darauf anordnen und mit dem restliche Quark garnieren.

Beilagen

Reis oder Fladenbrot

Getränk

Mineralwasser

Zutaten (für 4 Personen)

1 kg Auberginen

2 Tomaten

1 – 2 Knoblauchzehen

1/2 – 1 TL gemahlener Kurkuma

250 g Magerquark

150 g Joghurt (mild)

Öl zum Braten

Salz und Pfeffer

Prof. Dr. Drs. h.c. Werner Schmidt

Direktor der Klinik für Frauenheilkunde, Geburtshilfe und Reproduktionsmedizin in Homburg/Saar (seit 1989) Universitätsklinikum des Saarlandes

Geboren 1943 in Waghäusel (Baden-Württemberg)

Verheiratet, eine Tochter und ein Sohn

Studium und Promotion in Heidelberg

DFG-Stipendiat Immunologie Universität Heidelberg

1974 wissenschaftlicher Mitarbeiter UFK Heidelberg. 1980 Facharzt
1981 Oberarzt, 1982 Habilitation Universität Heidelberg
1984 – 1985 „Visiting Professor" an der Yale University/Medical School New Haven, Connecticut (USA)

1985 leitender Oberarzt und Vertreter von Prof. Dr. F. Kubli Universitäts-Frauenklinik Heidelberg

1987 Professor (Lebenszeit). 1987 – 1988 kommissarischer Direktor Universitäts-Frauenklinik Heidelberg

Ehrendoktorwürden: 1998 Semmelweis Universität Budapest (Ungarn), 1998 Iuliu Hatieganue Universität Cluj-Napoca Klausenburg (Rumänien)

Arbeitsschwerpunkte: Geburtshilfe und Perinatalmedizin, pränatale Diagnostik, Ultraschalldiagnostik, Onkologie, Wiederherstellungschirurgie in der Mammachirurgie
Große onkologische Operationen (Radikal-Operationen etc.)
Reproduktionsmedizin (IVF und ICSI-Therapie bei ungewollter Kinderlosigkeit)

NACHGEFRAGT

Traumberufe
Architekt oder Bauunternehmer

Lieblingsstädte
New York und Budapest

Lieblingsfilm
„Außer Atem" mit Jean-Paul Belmondo und Jean Seberg

Lieblingsbuch
„Die schönsten Tauchgebiete der Erde" von Jack Jackson

Lieblingsmusik
Klassik: Pavarotti, Moderne: Santana, Eric Clapton, Stan Getz, Astrid Gilberto

Stärken
Energie, Ausdauer, Belastbarkeit

Schwächen
Ungeduld

Freizeitbeschäftigung
Musik, Lesen, Theater, gute bis sehr gute Restaurants

Sport
Tennis, Rennrad, Schnorcheln, Schwimmen

Lebensmotto
„Wo ein Wille ist, ist auch ein Weg."

Kalbsleber – Venezianische Art

Zubereitung

Die Kalbsleber in feine Scheiben schneiden.

Die Zwiebeln ebenfalls in Scheiben schneiden.

Olivenöl und Butter erhitzen, dann die Zwiebeln und die Petersilie hinein geben.

Bei leichter Hitze etwa 20 Minuten schmoren lassen. Die Zwiebeln sollen weich und glasig, aber nicht gebräunt sein. Sobald die Zwiebeln zu bräunen beginnen, Brühe und Essig hinzufügen.

Zum Schluss die Brathitze stark aufdrehen und die Leber unter Wenden in 4 – 5 Minuten in den Zwiebeln gar braten.

Anstelle von Brühe und Weinessig kann man auch einen trockenen Weißwein an die Zwiebeln geben. Die Flüssigkeit muss auf jeden Fall zum Ende der Kochzeit ganz von den weichen Zwiebeln aufgesogen sein.

Beilagen

Polenta oder Kartoffelpüree

Getränk

Junger Weißwein aus der Bourgogne, Pouilly-Fuisse
eventuell auch Meursault

Zutaten (für 4 Personen)

500 g Kalbsleber

400 g Zwiebeln

2 EL fein gehackte Petersilie

6 EL Olivenöl

1 EL Butter

4 EL Brühe

1 EL Weinessig

Salz, Pfeffer

Prof. Dr. Peter Schmidt-Rhode

Gynäkologische Praxisklinik Hamburg

Geboren 1952 in Gardelegen/Altmark (Sachsen-Anhalt)

Verheiratet seit 1981, eine Tochter und ein Sohn

Medizinstudium in Köln

Endokrinologisch-biochemische Ausbildung an den Universitäts-Frauenkliniken Köln und Aachen

Assistenzarzt an den Universitäts-Frauenkliniken Köln und Marburg, danach dort Oberarzt

Promotion 1982 an der Albertus-Magnus-Universität Köln

Habilitation, apl. Professur und Ernennung zum stellvertretenden Leiter der Abteilung für Gynäkologie, gynäkologische Onkologie und Geburtshilfe der Philipps-Universität Marburg

1996 Leiter der Frauenklinik Finkenau in Hamburg

1999 Geschäftsführender Direktor der Frauenklinik Barmbek-Finkenau

2005 Direktor des Zentrums für Gynäkologie, Senologie und Geburtshilfe am Asklepios Klinikum Barmbek

2006 1. Vorsitzender der Arbeitsgemeinschaft für ästhestische, plastische und wiederherstellende Operationen in der Gynäkologie (AWOgyn)

NACHGEFRAGT

Traumberuf
Arzt

Lieblingsstadt
Rom

Lieblingsfilm
„Der mit dem Wolf tanzt" von Kevin Costner

Lieblingsbuch
„Der Nachsommer" von Adalbert Stifter

Lieblingsmusik
Klassische Musik

Stärken
Visionen

Schwächen
Zu wenig wirtschaftlich

Freizeitbeschäftigung
Familie

Sport
Laufen

Lebensmotto
„Immer weitermachen"

Coq au Vin

Zubereitung

Die Poularde waschen, trocknen und in 8 Stücke teilen. Die Champignons und Schalotten putzen und ganz lassen. Die Knoblauchzehen abziehen und fein hacken.

Butterschmalz in einem weiten, backofengeeigneten Brattopf erhitzen.

Die Schinkenwürfel knusprig braten, herausnehmen und auf Küchenpapier abtropfen lassen. Danach die von allen Seiten gesalzenen und gepfefferten Poulardenstücke im gleichen Topf anbraten und herausnehmen. Nacheinander die Schalotten und die Champignons anbraten und herausnehmen. Dann alle vorbereiteten Zutaten in den Brattopf schichten. Die Temperatur hochfahren, den Weinbrand zugießen und flambieren. Dann den Knoblauch und die Rosmarinblättchen dazugeben, mit Weißwein angießen und aufkochen.

Alles mit Mehl bestäuben und ca. 45 Minuten im vorgeheizten Backofen bei 200 °C garen lassen. Durch das Mehl ist die Sauce sämiger geworden. Zum Abschluss vorsichtig die Schlagsahne unterrühren.

Den „Coq au Vin" kann man auch mit roten Zwiebeln und einem französischen Rotwein zubereiten.

Beilagen

Knuspriges Baguette oder Röstis
grüner Salat

Getränk

Französischer Rotwein

Zutaten (für 4 Personen)

1 große Poularde

125 g magere Schinkenwürfel

400 g Schalotten

400 g kleine Champignons

1 – 2 Knoblauchzehen

1 EL frische Rosmarinblätter

1 – 2 EL Mehl

150 g Schlagsahne

4 cl Weinbrand

1/2 l trockener Weißwein

Salz, weißer Pfeffer aus der Mühle

Butterschmalz zum Anbraten

Prof. Dr. Achim Schneider M.P.H.

Direktor der Klinik für Gynäkologie – Schwerpunkt gynäkologische Onkologie – Charité Campus Benjamin Franklin und Campus Mitte, Berlin (seit 2004)

Leiter des interdisziplinären Brustzentrums und Mitglied im erweiterten Vorstand des Tumorzentrums der Charité Universitätsmedizin Berlin

Geboren 1950 in Augsburg
Verheiratet mit Frau Dr. Viola Schneider, zwei Töchter

Medizinstudium in Würzburg, Wien, Innsbruck und Ulm

Wissenschaftlicher Mitarbeiter in Berlin, Nürnberg, Esslingen, Ulm, Tucson (USA)

Master of Public Health, Baltimore, MD (USA)

Professur an der Friedrich-Schiller-Universität Jena

Nationale und internationale Forschungstätigkeit mit den Schwerpunkten: Gynäkologische Onkologie, Humane Papillomviren, Operative Gynäkologie

Mitglied in 13 nationalen und 5 internationalen Gesellschaften, u. a.: Deutsche Akademie der Naturforscher Leopoldina und Society of Pelvic Surgeons

Mitglied im wissenschaftlichen Beirat: Human Papillomavirus Report, Geburtshilfe und Frauenheilkunde, Gynecologic Oncology

Fachgutachter für die Deutsche Forschungsgemeinschaft (DFG) und die Deutsche Krebsgesellschaft

Gutachter für 14 internationale Fachzeitschriften, u. a. American Journal of Obstetrics and Gynecology; Gynecologic Oncology, Obstetrics and Gynecology

NACHGEFRAGT

Traumberuf
Architekt

Lieblingsstadt
Berlin

Lieblingsfilm
„Out of Africa" „Jenseits von Afrika"

Lieblingsbuch
„Ansichten eines Clowns" von Heinrich Böll

Lieblingsmusik
Johann Sebastian Bach, Goldberg-Variationen

Stärken
Zuverlässig, selbstkritisch, kreativ, fair

Schwächen
Morgenmuffel, undiplomatisch, nicht-vergessend

Freizeitbeschäftigung
Lesen von Biographien

Sport
Rad fahren, Ski fahren, Tauchen

Lebensmotto
*„Gynäkologische Onkologie ist kein Beruf, sondern eine Berufung."**

*„Die Behandlung von Patientinnen mit gynäkologischen Erkrankungen ist ein Privileg. Unsere Patientinnen zeigen uns, was wichtig und unwichtig ist im Leben.

Wir sind auch immer für sie da. Dass dabei die eigene Familie nicht hintenansteht, stellt einen ständigen Konflikt dar, für den es keine Patentlösung gibt."

Augsburger Zwetschgendatschi mit Kartoffelsuppe

Zubereitung

Alle Zutaten für den Teig langsam mit dem Knethaken rühren, bis sich der Teig von der Schüssel löst. Die Teigschüssel mit einem Tuch bedecken. Den Teig 30 Minuten gehen lassen, danach noch einmal durchkneten und anschließend weitere 30 Minuten stehen lassen.

Den Teig auf einem gefetteten Backblech ausrollen und mit den Zwetschgen belegen. Anschließend im Backofen erst bei geringer Hitze 10 Minuten ziehen lassen; dann 35 – 45 Minuten bei 160 °C (Umluft oben und unten) backen. Nach dem Backen 1 Päckchen Vanillezucker, Zimt und braunen Zucker über den heißen Kuchen streuen.

Kartoffelsuppe: *Das Suppengrün und die Kartoffeln in kleine Stücke schneiden. Die Butter im Suppentopf zerlassen und das Suppengrün darin andünsten. Bereits gekochte Gemüsebrühe, Nelke, Lorbeerblatt und die Kartoffeln dazugeben, mit Pfeffer und Salz würzen. Für 30 Minuten köcheln lassen. Mit Petersilie bestreuen und servieren.*

Beilage

Kartoffelsuppe (für die echten Augsburger)

Zutaten

1,5 kg Zwetschgen

400 g Mehl

Hefe

1/8 l lauwarme Milch

1 Päckchen Vanillezucker

1 EL Zucker

1 TL Salz

Zimt

Brauner Zucker

Vorteig: 1/8 l Milch und 2 EL Margarine

Für die Kartoffelsuppe

1 kg Kartoffeln, festkochend

1 1/2 l Gemüsebouillon

2 Bund Suppengrün

1 Zwiebel

50 g Butter

1 Nelke

1 Lorbeerblatt

Pfeffer, Salz

Getränke

Kaffee oder Kakao

Prof. Dr. Norbert K. Schöndorf

Chefarzt der Frauenklinik in der St. Elisabeth-Klinik Saarlouis (seit 1983)

Geboren 1943 in Zweibrücken (Rheinland-Pfalz)

Verheiratet mit Ehefrau Annegret, Lehrerin
Zwei Töchter, ein Sohn und zwei Enkel

Medizinstudium in Saarbrücken, Frankfurt/M. und München

Promotionsstipendium am Max-Planck-Institut für Psychiatrie in München

Wehrdienst als Stabsarzt in Freising und Fürstenfeldbruck

Facharztweiterbildung und Habilitation an der Universitäts-Frauenklinik Homburg/Saar

Schwerpunkte: Diagnostik und Therapie des Mammakarzinoms, onkoplastische Brustoperationen, Zytologie der Brust und des Genitale

Über 60 wissenschaftliche Publikationen, Filme und Buchbeiträge

Initiator und Leiter mehrerer Qualitätszirkel (Senologie, Zytologie, Perinatalmedizin)

Leiter und koordinierender Sprecher des Kooperativen Brustzentrums Saarlouis

Gründer und Vorsitzender der „Initiative Kooperatives Brustzentrum Saarlouis e.V."

NACHGEFRAGT

Traumberuf
Lehrer für Deutsch und Kunsterziehung

Lieblingsstädte
Prag und Metz

Lieblingsfilm
Die jeweilige Folge von „Donna Leon" mit Kommissar Brunetti

Lieblingsbuch
Bertold Brechts Gedichte und Lieder

Lieblingsmusik
Marcel Adam „Gonz elähn"
Chansons aus dem Grenzland

Stärken
Empathie, Kreativität, Hartnäckigkeit

Schwächen
Zahlen und Zeiten

Freizeitbeschäftigung
Möchte: Familie, Fremdsprachen, Lesen, Zeichnen
Ist: „Abends müde – Glotze – Krimi"

Sport
Ski fahren (wird seltener)
Golf (sollte häufiger werden)

Lebensmotto
„Gesundheit ist wichtig, wichtiger ist Lieben und geliebt werden."

„Baeckeoffe“

(sprich Bäcke-Ofe; jeweils stummes deutsches End-e
Schreibweise im Elsass und Machart je nach Mundart und heimischer Küche)

Das Gericht kommt aus dem Elsass und bezeichnet einen Fleisch-Gemüse-Eintopf, der nach dem morgendlichen Ende des Brotbackens in der Resthitze des „Bäckerofens“ über Stunden gegart wurde und dann für den Mittagstisch zur Verfügung stand. Dabei konnte es auch schon mal später werden bis die Mannschaft von der Weinlese kam (oder die Frauen von der Wäsche), ohne dass dies dem Mahl etwas geschadet hätte.

Im Elsass benutzt man einen irdenen Topf, der durch eine Salzteigkruste versiegelt wurde. Wir nehmen einen gusseisernen Bräter (genauer zwei 8-Liter-Töpfe für u. a. Mengen) und das geht sehr gut damit.

Zubereitung (nach Annegrets Art)

Am Vortag das Fleisch in Stücke schneiden (etwa 4 – 5 cm), mit Thymian bestreuen und mit Weißwein aufgießen. Am Folgetag Zwiebeln und Lauch in schmale Scheiben schneiden. Kartoffeln schälen und ebenfalls in – nicht zu dünne – Scheiben schneiden. Das Fleisch aus der Weinbrühe heben, diese dann durchseihen und zunächst aufheben.

Jetzt den Boden des Bräters leicht einfetten. Schichtweise Zutaten einlegen: Zwiebelringe, darauf Kartoffelscheiben und Lauch, mit Salz und Pfeffer bestreuen; dann die Fleischstücke, wieder Lauch und Kartoffeln, nochmals Salz und Pfeffer. Die aufliegenden Kartoffelscheiben mit Butterflöckchen belegen, Thymian aufstreuen. Alles mit der Weinbrühe, mit frischem Wein und Fleischbrühe auffüllen, bis die oberste Lage gerade erreicht ist. Mit einem schweren Gussdeckel verschließen, in den vorgewärmten Backofen geben und bei mittlerer Hitze (180 °C) 3 Stunden garen lassen. Servieren im Gusstopf, mit großer tief greifender Suppenkelle.

Zutaten (für 10 Personen)

1 kg Rindfleisch zum Kochen (Wade)
1 kg durchwachsener Schweinekamm
1,5 kg Lammkeule
5 kg große Kartoffeln
3 große Zwiebeln
6 Stangen Lauch
2 l kräftiger trockener Saarländer Riesling
1 l Fleischbrühe
Salz, Pfeffer, Thymian

Beilage

Endiviensalat mit einer Zwiebel-Sahne-Vinaigrette

Getränk

Herzhafter, trockener Saarländer Riesling (von der Obermosel)

Hilde Schulte

Bundesvorsitzende der Frauenselbsthilfe nach Krebs
Neukirchen und Bonn

Geboren 1941 in Asterode (Hessen)
Verheiratet

Aufgewachsen in und geprägt von der Schwalm, einer Region zwischen Kellerwald und Vogelsberg, einer der schönsten und kulturell bemerkenswertesten Landschaften Hessens.
Die Ernährung in Kindheit und Jugendzeit bestand hauptsächlich aus einem einfachen, meist kalorienreichen Speiseplan, der sich aus Erzeugnissen zusammensetzte, die der eigene Hof und Garten lieferten.

Der Lebensrhythmus war bestimmt von der Natur, vom Ablauf der Jahreszeiten und des Kirchenjahres.

Menschen formten und bestimmten den Weg zur Heimleiterin in Jugendheimen.

Die Diagnose Brustkrebs im Jahre 1989 stellte neue Weichen im Leben, baute aber auf den wesentlichen persönlichen Merkmalen und Fähigkeiten auf.

Ehrenamtliches Engagement in der Frauenselbsthilfe nach Krebs auf Gruppen- und Landesebene

Seit 1999 im geschäftsführenden Bundesvorstand mit entscheidenden Entwicklungsschritten und Umsetzung von Patientenbeteiligung in medizinischen und politischen Gremien

Mitglied in für krebskranke Menschen relevanten Vereinigungen und Kommissionen

Zahlreiche Auszeichnungen u. a. Bundesverdienstkreuz am Bande des Verdienstordens der Bundesrepublik Deutschland

Nachgefragt

Traumberuf
Journalistin

Lieblingsstadt
Berlin

Lieblingsfilm
„Doktor Schiwago"

Lieblingsbuch
„Die Klatschmohnfrau"
von Noelle Chatelet

Lieblingsmusik
Beatles

Stärken
Zielstrebigkeit, Begeisterungsfähigkeit

Schwächen
Nachgiebigkeit, Ungeduld

Freizeitbeschäftigung
Lesen, Garten

Sport
Vernachlässigt

Lebensmotto
„Carpe diem!" – „Nutze den Tag!"

Grüne Klösse mit Specksauce

Zubereitung

Die Pellkartoffeln schälen, abkühlen lassen und reiben oder durch eine Presse drücken. Rohe Kartoffeln reiben und mit einem Tuch auspressen.

Zur Kartoffelmischung grob geschnittene Brötchen und Porree, sowie Eier und Gewürze geben und zum Teig kneten. Klöße formen und in jeden Kloß ein gutes Stück „ahle Wurst" drücken.

Die Klöße in kochendem Salzwasser 30 Minuten garziehen lassen.

Speck in Würfel oder kleine Streifen schneiden und ausbraten. Zwiebelringe dazugeben, mit Milch aufgießen und mit einer Prise Salz abschmecken, dann einköcheln lassen. Die Specksauce über die Klöße geben.

Klöße, die übrig bleiben, werden am nächsten Tag gebraten und mit Apfelkompott gegessen.

Zutaten (für 6 Personen)

2 kg rohe Kartoffeln

750 g gekochte Kartoffeln

3 Brötchen

2 Eier

200 g Porree

600 g „ahle Wurst"
(geräucherte, abgehangene, rote Mettwurst)

100 g Speck

100 g geräucherter Bauchspeck

3 Zwiebeln

etwas Milch

1 EL Majoran, etwas Nelkenpfeffer

Öl und Salz

Getränk

Naturtrüber Apfelwein aus der Wetterau

Beilage

Apfelkompott

Prof. em. Dr. Klaus-Dieter Schulz

Ehemaliger Direktor der Klinik für Gynäkologie, Gynäkologische Endokrinologie und Onkologie der Philipps-Universität Marburg

Geboren 1937 in Königsberg (Ostpreußen), † 2007

Verheiratet, eine erwachsene Tochter

Studium der Humanmedizin an den Universitäten Berlin, Frankfurt/M. und Hamburg
1962 – 1973 Promotion, sowie biochemische, fachliche, klinisch-wissenschaftliche Ausbildung und Tätigkeit an der Universitäts-Frauenklinik Hamburg-Eppendorf
1971 Habilitation. 1973 – 1981 Oberarzt und apl. Professor an der Universitäts-Frauenklinik Köln. 1981 – 2002 Univ.-Professor und Geschäftsführender Direktor der Universitäts-Frauenklinik Marburg

Universitäre Zusatzfunktionen: Ärztlicher Direktor des Marburger Gesamt-Klinikums, Prodekan. Klinischer und wissenschaftlicher Schwerpunkt: „Gynäkologische Onkologie und Gynäkologische Endokrinologie" mit besonderer Betonung bösartiger und gutartiger Brusterkrankungen der Frau. Qualitätssicherung und begleitende Versorgungsforschung zur Verbesserung der Betreuung von Brustkrebs-Patientinnen (Leitlinien-Entwicklung, Disease-Management-Programme, Brustzentren, Brustkrebs-Früherkennungs-Programme, Lebensqualität, Transparenz medizinischer Entscheidungen durch qualifizierte Frauen-Information)

Mehrfache Präsidentschaften und Ehrenmitgliedschaften in nationalen und internationalen medizinisch-wissenschaftlichen Fachgesellschaften. Ehrenmitglied des Bundesverbandes der Frauenselbsthilfe nach Krebs. Wissenschaftspreise: Martini-Preis, Lifetime-Achievement-Award der Komen Foundation

Vielfache Experten-, Gutachter- und Berater-Tätigkeit in verschiedenen wissenschaftlichen, gesundheits- und berufspolitischen Gremien und Institutionen

Mitglied im wissenschaftlichen Beirat der „Aktion Bewusstsein für Brustkrebs e.V."

Nachgefragt

Traumberuf
Kapitän zur See

Lieblingsstädte
Berlin, Venedig

Lieblingsfilme
„Doktor Schiwago"
„Meuterei auf der Bounty"

Lieblingsbuch
„Krieg und Frieden" von Leo Tolstoi

Lieblingsmusik
Wolfgang Amadeus Mozart, lateinamerikanische Folklore

Stärken
Zielstrebigkeit, Einsatz- und Hilfsbereitschaft, Neugier

Schwächen
Überzogener Perfektionismus, schwer vermittelbare Ordnungsprinzipien

Freizeitbeschäftigung
Reisen, Garten, Oper, Konzert

Sport
Alters-adaptiert: Schwimmen und Golf

Königsberger Klopse

(Hinweis: mit den hier angegebenen Modifikationen gehört das Gericht in keinen Diät-Plan)

Zubereitung

Eine Zwiebel würfeln, Brötchen einweichen und zusammen mit einem Ei zum Hackfleisch geben. Mit Pfeffer und Salz würzen und zu einer Masse kneten.

Parallel hierzu ca. 1 l Wasser zusammen mit den verbliebenen 4 Zwiebeln, den Lorbeerblättern und den Pimentkörnern zum Kochen bringen.

Aus der vorbereiteten Fleischmasse 8 Klopse formen. In kochendem Wasser 10 – 15 Minuten köcheln lassen; anschließend Klopse und Zwiebeln aus dem Topf herausnehmen.

Zur Herstellung der Sauce die verbliebene Brühe mit Mondamin andicken. Danach 4 Eigelb und den Schmand unterrühren; Kapern hinzugeben.

Mit Pfeffer würzen. Salz, Zucker und Zitrone werden abschließend in die Sauce gerührt, um eine süß-saure Geschmacksrichtung nach eigenem Belieben zu erreichen.

Klopse und Sauce werden noch einmal kurz zusammen aufgekocht und dann mit Salzkartoffeln serviert.

Beilagen

Salzkartoffeln und marinierte Rote Beete oder Feldsalat

Getränke

Villa Gutenberg 2004, Riesling Kabinett trocken
Weingut Richard Nägler, Östrich-Winkel (Rheingau)
Ein kaltes Bier tut es aber auch.

Zutaten (für 4 Personen)

750 g gemischtes Hackfleisch
5 mittelgroße Zwiebeln
1 Brötchen
5 Eier
2 – 3 Lorbeerblätter
Pimentkörner
60 g Kapern
1 – 2 Zitronen
Mondamin
1/4 l Schmand
schwarzer Pfeffer, Salz, Zucker

Prof. Dr. Rüdiger Schulz-Wendtland

Leiter der Gynäkologischen Radiologie
Universität Erlangen-Nürnberg

Geboren 1955 in Heidelberg

Verheiratet, ein Sohn und eine Tochter

Medizinstudium in Heidelberg
Wissenschaftlicher Angestellter an den Universitäten Heidelberg und Freiburg

Oberarzt, später Leiter der Gynäkologischen Radiologie an der Universität Erlangen

Nationaler und internationaler Experte mit dem Schwerpunkt „Mammadiagnostik, Mammographie-Screening"

Mehrere wissenschaftliche Preise (z. B. 2002 Eugenie und Felix Wachsmann-Preis der Deutschen Röntgengesellschaft)
80 Publikationen, 35 Buchbeiträge, 2 Bücher

Schriftführer der Deutschen Gesellschaft für Senologie (DGS)

Vorsitzender der AG Mammadiagnostik der Deutschen Röntgengesellschaft (DRG)
Stellvertretender Vorsitzender/Seminarleiter des Arbeitskreises Mammasonographie der DEGUM

Leiter des Qualitätszirkels „Mammographie für Radiologen"; Wissenschaftlicher Leiter des Mammographie-Screenings in Mittelfranken-Land; Präsident der 26. Jahrestagung der Deutschen Gesellschaft für Senologie in Dresden 2006

Nachgefragt

Traumberuf
Mediziner

Lieblingsstadt
Köln

Lieblingsfilme
„Denn sie wissen nicht, was sie tun" mit James Dean und „Casablanca" mit Humphrey Bogart

Lieblingsbücher
„Malina" von Ingeborg Bachmann
„Das Lächeln am Fuße der Leiter" von Henry Miller / Joan Miró

Lieblingsmusik
Patti Smith Group
Bruce Springsteen

Stärken
Durchsetzungsvermögen, Optimismus

Schwächen
Ungeduld

Freizeitbeschäftigung
Zelten mit den Kindern und Traktor fahren

Sport
Fußball

Beilagen

Französisches Baguette oder
Ofenkartoffeln und grüner Salat mit Vinaigrette

Getränke

Chablis, trockener französischer Weißwein
oder Merlot, kräftiger Rotwein oder Bier

Schweinefilet mit Salbei und Kapern

Zubereitung

Backofen auf 170 °C (Gas 1 – 2) vorheizen. 1 EL Öl und Butter in einer Bratpfanne erhitzen und die Zwiebel 5 Minuten hell goldgelb braten. Zwiebel, Brösel, Salbei, Petersilie, Zitronenschale, 1/2 TL Kapern und 1 Ei in einer Schüssel vermengen und mit Salz und Pfeffer kräftig würzen.

Die Schweinefilets längs einschneiden und aufklappen. Die Füllung auf dem einen Filet verteilen und mit dem anderen zudecken. Speck oder Prosciutto mit der flachen Messerklinge dehnen und die Scheiben leicht überlappend um die Schweinefilets wickeln; dann mit Küchengarn zusammenbinden.

Das Fleisch in einen Bräter legen, mit 1 EL Olivenöl beträufeln und 60 Minuten braten. Für die Garprobe einen Zahnstocher in die dickste Stelle stechen; der herauslaufende Bratensaft sollte klar sein.
Das Fleisch herausnehmen, mit Alufolie zudecken und beiseite stellen.

Den Bräter auf die Herdplatte stellen, Mehl mit Bratensatz gründlich verrühren, Wermut zugeben und 1 Minute kochen. Die Brühe zugießen und 5 Minuten köcheln lassen; dabei kräftig rühren, um etwaige Klümpchen aufzulösen. Die restlichen Kapern in die Sauce geben.

In einem kleinen Topf das restliche Öl stark erhitzen und die Salbeiblätter knusprig braten.
Auf Küchenkrepp abtropfen lassen. Das Fleisch in 1 cm dicke Scheiben schneiden.
Etwas Sauce darüber geben und die Portionen mit den frittierten Salbeiblättern garnieren.
Zubereitungszeit: 25 Minuten; Kochzeit 75 Minuten

Zutaten (für 4 Personen)

2 große Schweinefilets (je 500 g)

8 große dünne Scheiben durchwachsener Speck oder Prosciutto

60 ml Olivenöl extra vergine

25 g Butter

1 Zwiebel, fein gehackt

100 g frische Weißbrotbrösel

2 TL frischer Salbei, gehackt

1 TL frische glatte Petersilie, gehackt

2 TL unbehandelte Zitronenschale, gerieben

2 1/2 EL Kapern in Salzlake, abgespült und trocken getupft

1 Ei, 2 TL Mehl

100 ml trockener Wermut

300 ml Hühner- oder Gemüsebrühe

Salz und Pfeffer

8 ganze Salbeiblätter zum Garnieren

Prof. Dr. Dr. h.c. Karl-Werner Schweppe

Direktor der Frauenklinik, Ammerland Klinik, Westerstede (seit 1984)
Akademisches Lehrkrankenhaus der Universität Göttingen

Geboren 1947 in Bielefeld (Nordrhein-Westfalen)
Verheiratet, ein Sohn, eine Tochter und zwei Enkelkinder

1966 – 1971 Medizinstudien in Münster und Wien
Stipendium der Studienstiftung des Deutschen Volkes und Promotion an der Technischen Universität München über das Thema: „Experimentelle Arzneimittelforschung in der Älteren Wiener Schule"

Nach Wehrpflicht als Stabsarzt beim Flugmedizinischen Institut der Luftwaffe in Fürstenfeldbruck Ausbildung zum Frauenarzt am Akademischen Lehrkrankenhaus Herford.

Von 1979 – 1980 Research-Assistant-Professor an der Universität in Little Rock, USA

Ab 1980 Oberarzt der Universitäts-Frauenklinik Münster und Habilitation über: „Hormonelle Beeinflussung der Endometriose" Auszeichnung der Arbeiten mit dem „Pfannenstiel-Staude Preis" der Nordwestdeutschen Gesellschaft für Gynäkologie

Schwerpunkte: Klinische, endokrinologische und morphologische Studien zum therapeutischen Einsatz von GnRH-Analoga zur Behandlung der Endometriose, des Uterus myomatosus und des Mammakarzinoms

Vorstandsmitglied der Stiftung Endometriose-Forschung und des Europäischen Endometriose-Informationszentrums
Leiter nationaler und internationaler wissenschaftlicher Studien; beratender Arzt für Selbsthilfegruppen und Mitglied in verschiedenen Fachgesellschaften

Mehr als 50 Buchbeiträge, 15 Bücher, 2 Filme und über 180 Publikationen in deutschen und internationalen Zeitschriften zu den Themen Sonographie, Mammakarzinom, Ovarialkarzinom, gynäkologische Endokrinologie, Endometriose

NACHGEFRAGT

Traumberuf
Architekt

Lieblingsstadt
Wien

Lieblingsfilm
„Der mit dem Wolf tanzt"
von Kevin Costner

Lieblingsbuch
„Erzählungen" von Thomas Mann

Lieblingsmusik
„Triumphmarsch" aus Aida von G. Verdi

Stärken
Zuverlässigkeit, Fleiß, Ausdauer

Schwächen
Ungeduld

Freizeitbeschäftigung
Jagd

Sport
Ski-Langlauf

Getränke

Chateau Belgrave 1998
Haut-Medoc, Gironde (Frankreich)
Mineralwasser

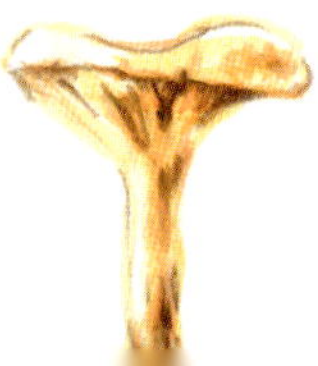

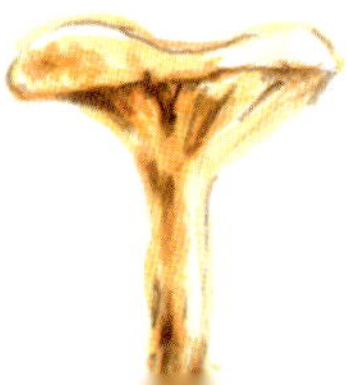

Rehrücken mit Kartoffelbällchen und Pfifferlingen

Zubereitung

Den Rehrücken vom Knochen ablösen. Die Knochen für den Fond klein hacken und mit Speck und Gemüse in einem Topf anbraten. Tomatenmark zugeben und unter Rühren leicht anrösten. Thymian und Lorbeerblatt zufügen, Wasser und Rotwein angießen. Ca. 2 Stunden köcheln lassen, durchsieben und auf 1/8 l einkochen. Die Wacholderbeeren im Mörser zerstoßen oder grob hacken. Den Rehrücken mit Pfeffer würzen und mit Schinken umwickeln. Butter und Öl in einer Pfanne erhitzen. Das Fleisch darin anbraten, dann im 100 °C heißen Backofen nachgaren lassen. Rehfond mit Sahne aufkochen und mit Salz und Pfeffer abschmecken.

Für die Kartoffelbällchen Kartoffeln pellen und durch eine Kartoffelpresse drücken. 1 Ei, Mehl, Salz und Pfeffer unterrühren und kleine Bällchen formen. Erst in dem verschlagenen Ei, dann in den Mandelblättchen wenden. Im heißen Schmalz goldgelb braten.

Die Pfifferlinge putzen, waschen, vierteln oder halbieren; sie sollten alle gleich groß sein. Die Schalottenwürfel in Butter andünsten, Sahne hinzufügen und einkochen lassen. In den Mixer geben und die kalte Butter unterschlagen. Dann die Pilze erhitzen und die gehackte Petersilie zugeben. Mit Salz und Pfeffer abschmecken.

Das Rehrückenfleisch mit Sauce, Kartoffelbällchen und Pilzen servieren.

Zutaten für den Rehrücken

3 Wacholderbeeren
1 kg Rehrücken
50 g Ammerländer Knochenschinken
1 EL Butter
2 EL Olivenöl
50 ml Sahne

für den Fond

Rehknochen
50 g mageren Speck
100 g gewürfeltes Gemüse (Zwiebel, Möhre, Sellerie und Lauch)
30 g Tomatenmark
1 – 2 Zweige Thymian
1 Lorbeerblatt
1/4 l Wasser, 1/4 l Rotwein

für die Kartoffelbällchen

350 g Pellkartoffeln
2 Eier, 100 g Mehl, Salz, Pfeffer
100 g Mandelblättchen
Butterschmalz zum Braten

für die Pfifferlinge

500 g Pfifferlinge
1 EL Schalottenwürfel
1 EL Butter zum Dünsten
1/4 l Sahne
100 g Butter
1 TL Petersilie

Prof. Dr. Hans-Jörg Senn

Wissenschaftlicher Direktor des Zentrums für Tumordiagnostik, Behandlung und Prävention (ZeTuP) in St. Gallen (Schweiz)

Geboren 1934 in Rüti (Kanton Zürich)
Verheiratet, drei erwachsene Söhne

Medizinstudium in Zürich und Wien; Doktorat an der Universität Zürich; Chirurgische und internistische Assistentenjahre in Schaffhausen, Bern und Jacksonville, Florida (USA). Onkologische Spezial- und Forschungsausbildung am Roswell Park Memorial Cancer Center in Buffalo, NY (USA). Aufbau eines Onkologiezentrums an der Medizinischen Poliklinik am Kantonsspital Basel; Habilitation und Professur für Medizinische Onkologie an der Universität Basel. Von 1973 – 1997 Chefarzt der Medizinischen Klinik C (Onkologie, Hämatologie, Gastroenterologie) sowie Gründer und Chairman des Tumorzentrums am Kantonsspital St. Gallen (Schweiz). Seit 1998 Gründer und Leiter des ZeTuP St. Gallen, einer Modell-Institution zur Krebsprävention sowie Frühdiagnostik und -behandlung.

Spezialgebiete: Prävention, Frühdiagnostik und medikamentöse Behandlung von Brust- und Prostatakrebs sowie umfassende Supportivtherapie in der Onkologie. Mehrere nationale und internationale Krebsforschungspreise, über 350 Publikationen und Buchbeiträge. Past-Präsident der Schweizerischen Arbeitsgruppe für Klinische Krebsforschung (SAKK) sowie der International Breast Cancer Study Group (IBCSG), Generalsekretär der International Society of Cancer Prevention, Gründer und Chairman der Stiftung St. Gallen Oncology Conferences. Chefredakteur mehrerer onkologischer Fachzeitschriften, u. a. des European Journal of Cancer, Recent Results in Cancer Research, Supportive Care in Cancer und THE BREAST

Nachgefragt

Traumberuf
Dichter (Lyrik, Dramen)

Lieblingsstadt
Florenz

Lieblingsfilm
Am liebsten keiner

Lieblingsbuch
Die Bibel

Lieblingsmusik
G. F. Händel und W. A. Mozart

Stärken
Aufbauen, Ausdauer, realistische Visionen, Großzügigkeit

Schwächen
Ungeduld, Gutgläubigkeit, Zeitmanagement

Freizeitbeschäftigung
Reisen, Schreiben, Lesen, Garten

Sport
Wandern und Ski fahren, neuerdings Golf – aber nur zur Freude und Erholung, nicht mit „tierischem Ernst"

Zutaten (für 4 Personen)

1 Schweizer Fondue-Set mit Caquelon (Pfanne), regulierbarem Sprit-Brenner und speziellen Fonduegabeln

600 g geriebener Käse (50% viertelfetter Appenzeller, 50% halbfetter Bündner Bergkäse oder ähnliche Sorte)

500 g Weißbrot oder nach Belieben auch Schwarzbrot

4 – 5 dl trockener Weißwein

1 – 2 Knoblauchzehen

2 TL Maizenapulver (Maisstärke)

0,5 dl Kirschwasser

Schwarzer Pfeffer, Muskatnuss, Chili
1 Prise Natronpulver

Appenzeller Fitness-Käse-Fondue

Zubereitung

Brot in 2 – 3 cm große Würfel schneiden. Gleichzeitig Weißwein im Fondue-Caquelon langsam erhitzen (nicht sieden!). Die geriebene, wenig fetthaltige Käsemischung unter dauerndem Umrühren darin schrittweise zum Schmelzen bringen. Knoblauchzehen mit entsprechendem Instrument oder mit Küchenmesser fein zerquetschen bzw. zerschneiden und zusammen mit 2 TL Maizena (Maisstärke) und 0,5 dl Kirschwasser in einem Glas aufrühren. Dann diese Mischung der mittlerweile flüssigen, warmen Käsemischung beifügen. Auf kleiner bis mittlerer Flamme dauernd umrühren bis das Fondue zu einer homogenen, sämigen Masse bindet. Nun nach Belieben würzen mit schwarzem Pfeffer, Chili- und Muskatpulver und zum Schluss eine Messerspitze Natronpulver einrühren, damit das Fondue schön luftig wird.

Das fertige Käsefondue in leicht brodelndem Zustand auf den Tisch bringen und auf dem Brennergehäuse während des Essens auf mäßiger Flamme weiter erwärmen. Jeder Gast taucht seine persönliche Gabel in die gewürzte, geschmolzene Käsemischung und führt sie unter elegantem Drehen – ohne auf dem Tisch „Spuren" zu hinterlassen – zum Munde. Diese Fonduemischung vermittelt viel Eiweiß und Kalzium (für unseren Knochenaufbau), aber wenig Fett und Kalorien (gegen unser Gewicht)!

Getränke

Fendant, kühler trockener Weißwein, Wallis (Schweiz)
Kirschwasser als „Coup de Mileu" zum Verdauen
Heißer Schwarztee

Dessert

Beeren und Früchte der Saison,
nach Belieben mit Vanille-Eis

Prof. Dr. Prof. h.c. Christof Sohn

Geschäftsführender Ärztlicher Direktor der Universitäts-Frauenklinik Heidelberg, Ruprecht-Karls-Universität Heidelberg (seit 2004)

Geboren 1961 in Pforzheim (Baden-Württemberg)
Verheiratet, ein Sohn und zwei Töchter

Medizinstudium in Ulm
Wissenschaftlicher Mitarbeiter an der RWTH-Aachen, am Universitäts-Klinikum Essen, an der Universitäts-Frauenklinik Heidelberg
1993 Habilitation an der Universitäts-Frauenklinik Heidelberg
1997 Berufung auf die C3-Professur für Geburtshilfe und Pränatalmedizin an der Frauenklinik der J. W. Goethe-Universität Frankfurt/M.
2000 Berufung auf den C4-Lehrstuhl für Frauenheilkunde und Geburtshilfe an der Medizinischen Hochschule Hannover
Geschäftsführender Direktor der Universitäts-Frauenklinik
2004 Berufung auf den C4-Lehrstuhl für Frauenheilkunde und Geburtshilfe am Universitäts-Klinikum Ruprecht-Karls-Universität Heidelberg

Wissenschaftliche Schwerpunkte: Gynäkologische Onkologie und Brustkrebs sowie Pränatalmedizin und Geburtshilfe

Autor von zahlreichen Lehrbüchern im Fach Gynäkologie und Geburtshilfe und vielen wissenschaftlichen Publikationen und Buchbeiträgen

Mitglied in verschiedenen fachspezifischen Arbeitsgemeinschaften im Bereich der Onkologie und Geburtshilfe

Leiter eines der größten zertifizierten Brustzentren in Deutschland

Nachgefragt

Traumberuf
Musiker

Lieblingsstadt
Jerusalem

Lieblingsfilme
Dokumentarfilme

Lieblingsbuch
Die Bibel

Lieblingsmusik
Johann Sebastian Bach

Stärken
Zielstrebig, konsequent

Schwächen
Ungeduldig

Freizeitbeschäftigung
Musik, Lesen, Kunst

Sport
Täglich Joggen

Lebensmotto
„Geh' nicht nur die glatten Straßen, geh' Wege, die noch niemand ging, damit du Spuren hinterlässt und nicht nur Staub." Antoine de Saint-Exupery

Getränke

Chardonnay 2001 oder Sauvignon Gris 2004, beide trocken im Barrique-Ausbau, Weingut Knipser Laumersheim/Pfalz

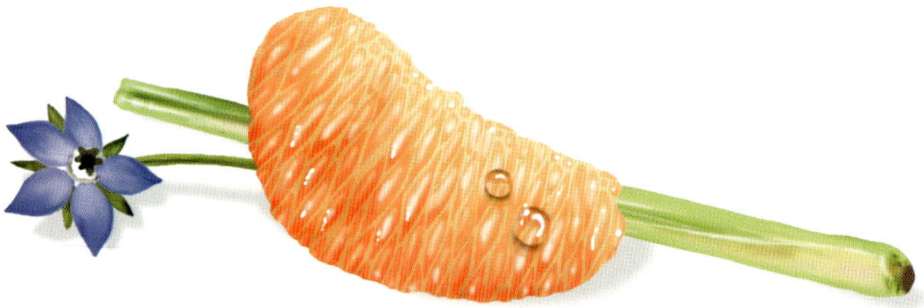

** Mit freundlicher Genehmigung der Collection Rolf Heyne aus Kochbuch Johanna Maier*

Hummer in Orangenkruste mit Orangen-Ingwer-Sauce*

Zubereitung

Orangen-Ingwer-Sauce: *Vom Zitronengras die äußerste Umhüllung entfernen. Den unteren, weichen Teil der Halme etwas andrücken und in feine Scheiben schneiden. Zucker karamellisieren, Ingwer und Zitronengras dazugeben und mit Orangensaft aufgießen. Koriander und Chili hinzufügen und etwa 20 Minuten köcheln lassen. Durch ein feines Sieb passieren und eventuell noch mit etwas Stärkemehl binden.*

Orangenkruste: *Zucker und Wasser zusammen mit den Orangenschalen so lange kochen, bis die Flüssigkeit verdampft ist. Danach die Orangenschalen auf ein Backpapier auflegen und im Backofen bei 60 °C trocknen lassen. Anschließend in der Küchenmaschine zerkleinern.*

Hummer: *Reichlich Wasser mit etwas Salz und Öl in einem großen Topf einige Minuten sprudelnd kochen lassen, erst dann die Hummer hineingeben und sofort unter die Wasseroberfläche drücken. In 5 – 6 Minuten halb gar kochen, danach in Eiswasser abschrecken. Die gekühlten Hummer vorsichtig aus den Schalen brechen. Die Schwänze der Länge nach halbieren und den Darm entfernen. Mit Salz und Pfeffer würzen, in der Orangenkruste wälzen. Die Krustenseite in Butter leicht anbraten, die Hummer wenden und im Backrohr kurz fertig garen.*

Die Grapefruitfilets im eigenen Saft erwärmen und zusammen mit Salat und Hummer anrichten.

Zutaten (für 4 Personen)

2 Hummer à 500 g

Salz

1 Schuss Öl

frisch gemahlener Pfeffer

2 rosa Grapefruits, filetiert

etwas Butter

Beilage

Wildkräutersalat

Orangen-Ingwer-Sauce

3 Stängel Zitronengras

3 EL Zucker

1 EL frischer Ingwer fein geschnitten

400 ml frisch gepresster Orangensaft

1/2 TL Korianderkörner

etwas Chili und Speisestärke zum Binden

Orangenkruste

60 g Zucker

250 ml Wasser

Schale von 2 unbehandelten Orangen

Prof. Dr. Augustinus Harjanto Tulusan

Chefarzt der Frauenklinik für Gynäkologie und Geburtshilfe
Klinikum Bayreuth (seit 1994)

Geboren 1945 in Jakarta (Indonesien)
Verheiratet mit Nancy Tulusan, zwei Töchter und ein Sohn

Schulbildung und Abitur: Jesuiten Kolleg in Jakarta

Studium der Medizin in Jakarta und Erlangen

Facharztausbildung an der Universität Erlangen in Pathologie (bei Prof. Dr. V. Becker) und in Frauenheilkunde (bei Prof. Dr. K. G. Ober)

1982 Habilitation an der Universität Erlangen

1985 Extraordinarius für gynäkologische Onkologie an der Universitäts-Frauenklinik Erlangen

Mitgliedschaften: Society of Pelvic Surgeons, Arbeitsgemeinschaft für Gynäkologische Onkologie (AGO), Deutsche Gesellschaft für Gynäkologie und Geburtshilfe, Deutsche Gesellschaft für Senologie, Deutsche Krebsgesellschaft, American Society of Clinical Oncology, Deutsch-Japanische Gesellschaft

Nachgefragt

Traumberuf
Architekt

Lieblingsstadt
New York

Lieblingsfilme
James Bond Filme

Lieblingsbuch
„Musashi" von Eiji Yoshikawa

Lieblingsmusik
9. Symphonie von Ludwig van Beethoven; Ouvertüre aus „Tannhäuser" von Richard Wagner

Stärken
Hartnäckigkeit

Schwächen
Zigarren und gute Weine

Freizeitbeschäftigung
Filme anschauen

Sport
Golf und Laufen

Lebensmotto
„Wer einen langen Weg vor sich hat, macht kleine Schritte."

Satee Ayam Tulusan mit indonesischem Gurkensalat und Erdnuss-Sauce

Zubereitung

Die Hähnchenfilets ohne Haut in Würfel oder feine Scheiben schneiden. Mit der süßen und hellen Soja-Sauce mischen und für 2 – 5 Stunden marinieren. Danach auf Satee-Holzspießchen stecken und grillen oder im Backofen anbraten.

Erdnuss-Sauce:

*Erdnussbutter mit etwas Wasser verdünnen und kurz aufkochen lassen, so dass es eine dickflüssige Sauce ergibt. Dazu 3 EL Ketjap manis, Salz, Pfeffer und Zucker nach Geschmack dazugeben.
Kurz köcheln lassen und schon ist sie fertig!*

Indonesischer Gurkensalat:

Etwas hellen Essig mit Zucker und einer Prise Salz vermischen. Die Chilischote in 4 – 5 Scheibchen schneiden (eventuell die Chilikerne entfernen, die sind sehr scharf!). Die Salatgurke schälen und in kleine Stücke schneiden. Alles mischen und ziehen lassen. Der Gurkensalat sollte etwas süß schmecken.

Beilagen

*Weißer Thai-Duftreis. Klein gehackte Zwiebeln, geröstete Zwiebeln, Limetten- oder Zitronenscheiben, Sambal oder frische Chilischoten und Ketjap manis auf den Tisch stellen.
Nach Geschmack und Schärfegrad dazugeben.*

Selamat Makan! Guten Appetit!

Zutaten (für 4 Personen)

600 g Hähnchenfilet

2 – 3 Knoblauchzehen

3 EL indonesische süße Soja-Sauce (Ketjap manis)

1 EL normale helle Soja-Sauce (z. B. Amoy oder Kikkoman)

3 EL Speiseöl

Prise Salz, Pfeffer

200 – 300 g Erdnussbutter (am besten crunchy)

1 Salatgurke

1 frische kleine Chilischote

1 – 2 TL Zucker

Getränke

Jasmintee, Bier oder ein trockener Wein

Prof. Dr. Hans Ulrich Ulmer

Direktor der Frauenklinik Städtisches Klinikum Karlsruhe
Leiter des zertifizierten Brustzentrums

Geboren 1947 in Marschalkenzimmern (Baden-Württemberg)
Verheiratet, vier Söhne

Studium der Mathematik und Physik, Staatsexamen
Vertragslehrer am Abendgymnasium

Studium der Medizin in Tübingen

Wissenschaftlicher Mitarbeiter an der Universitäts-Frauenklinik Hamburg-Eppendorf

Habilitation und Professur in Hamburg

Konjetzny-Preis der Hamburger Krebsgesellschaft

Mitglied in zahlreichen wissenschaftlichen Gesellschaften

Schwerpunkt: Brustkrebs und Gynäkologische Onkologie

Nachgefragt

Traumberuf
Architekt

Lieblingsstadt
Prag

Lieblingsfilm
„Der Clou"

Lieblingsbuch
„Hugh Johnsons Weingeschichte"

Lieblingsmusik
Jazz: Louis Armstrong, Glenn Miller, Benny Goodman, ...

Stärken
Durchsetzungsvermögen, Belastbarkeit, vielseitige handwerkliche Fähigkeiten

Schwächen
Ungeduld, mitunter zu schweigsam

Freizeitbeschäftigung
Ausstellungsbesuche, Haus und Garten, Kochen mit der Familie

Sport
Gelegentliches Joggen, Tennis, kleinere Radtouren

Zutaten (für 4 Personen)

4 Scheiben Rouladenfleisch vom Rind, dünn geschnitten

Rouladennadeln oder Holzspieße bereithalten

feiner Kräutersenf

8 magere Scheiben Dörrfleisch oder geräucherter Speck

4 mittelgroße Zwiebeln, fein gehackt

200 g Mehl, 4 Eier, evtl. etwas Wasser

750 g Rotkohl, 2 EL Schmalz oder anderes Fett

1 großer Apfel, 1 Zwiebel

2 Gewürznelken, 1 Lorbeerblatt

2 EL Essig, 1 Prise Zucker

Salz, weißer Pfeffer, 1 Tasse heißes Wasser

gut 1/8 l Rotwein, 2 EL Johannisbeergelee

Beilagen

Im Frühjahr und Sommer Gemüse der Saison (Spargel, Karottenstreifen, Erbsen, grüne Bohnen, bissfest gegart) und feine Nudeln
Im Herbst und Winter wunderbar mit feinem Rotkohl und Spätzle!

Rindsrouladen mit Spätzle und Rotkraut

Rouladen

Das Fleisch ausbreiten, mit Salz und frisch gemahlenem buntem Pfeffer würzen, mit Kräutersenf dünn bestreichen, dünne Speckscheiben auflegen und mit den gehackten Zwiebeln belegen.
Jetzt die Fleischscheiben aufrollen und feststecken. In heißem Öl kräftig rundherum anbraten, mögliche Zwiebelreste dazugeben, mit 1/8 l Rotwein ablöschen und einkochen lassen.
Mit ein wenig(!) Mehl bestäuben und mit 1/2 l Gemüsebrühe (Instant) aufgießen; nun ca. 50 Minuten sanft schmoren lassen. Die Flüssigkeitsmenge darf nicht zu sehr einkochen; eventuell Brühe nachgießen. Je mehr Zwiebeln mitkochen, desto sämiger wird die Sauce.
Am Ende der Garzeit die Sauce abschmecken; nach Belieben süße Sahne zugeben.

Spätzle – Teigzubereitung und Verarbeitung (für 4 Personen)

200 g Mehl mit 4 Eiern verrühren und so lange schlagen, bis der Teig Blasen zeigt. Mit etwas Wasser kann der Teig leicht verändert werden. In einem möglichst hohen Topf mit mind. 20 cm Durchmesser Salzwasser zum Kochen bringen. Nun mittels Spätzle-Hex oder Spätzlesdrücker bzw. professionell von Hand übers Brett geschabt den Teig verarbeiten. Wichtig ist, dass die Spätzle auf eine leicht sprudelnde Wasseroberfläche treffen und je nach Dicke ca. 10 – 20 Sekunden aufkochen. Oben schwimmende Spätzle werden mit dem Drahtschaumlöffel herausgeschöpft, kurz in lauwarmem Wasser geschwenkt und evtl. zum weiteren Abtropfen in ein Sieb gegeben. Danach die Spätzle auf einer Platte anrichten und bis zum Servieren im Ofen warm halten.

Rotkohl

Rotkohl fein hobeln oder in feine Streifen schneiden. Den Apfel schälen, entkernen, vierteln und in feine Scheiben schneiden. Die Zwiebel schälen und mit Nelken und dem Lorbeerblatt spicken.
Das Schmalz in einem großen Topf zerlassen. Kohl und Apfel ins Fett geben, mit Essig, Zucker, Salz und Pfeffer würzen. Gut umrühren. Heißes Wasser und die gespickte Zwiebel zugeben. Zugedeckt bei mittlerer Hitze ca. 30 Minuten schmoren lassen; gelegentlich umrühren. Dann den Rotwein zugeben und weitere 20 – 30 Minuten schmoren lassen. Vor dem Anrichten die Zwiebel entfernen und mit dem Johannisbeergelee abschmecken.

Getränke

Bordeaux St. Emilion
Mineralwasser

Prof. Dr. Michael Untch

Chefarzt der Frauenklinik und Leiter des Interdisziplinären Brustzentrums Helios Klinikum Berlin-Buch (seit 2006)

Geboren 1957 in Siebenbürgen (Rumänien)
Seit 1977 in der Bundesrepublik Deutschland
Verheiratet, zwei Söhne und eine Tochter

1978 – 1984 Studium der Medizin in München, gefördert durch ein Stipendium der Bayerischen Hochbegabten-Stiftung

1989 – 1991 Stipendium an der University of Miami School of Medicine

2005 Professur an der Ludwig-Maximilians-Universität München

Berufliche Schwerpunkte: Operative Gynäkologie und gynäkologische Onkologie

Wissenschaftlicher Schwerpunkt: Studien bei Brustkrebserkrankungen

Über 300 wissenschaftliche Publikationen, mehr als 100 Buchbeiträge, 2 Bücher

Mitglied der S3-Leitlinien-Kommission der Arbeitsgemeinschaft Gynäkologische Onkologie (AGO)

Über 10 Jahre Stellvertretender Vorsitzender der Mammakarzinom-Projektgruppe im Tumorzentrum München, Mitglied der Nordostdeutschen Gesellschaft für Gynäkologische Onkologie und des Tumorzentrums Berlin, Preisträger des Patientinnenpreises „Der Busenfreund" 2006

NACHGEFRAGT

Traumberuf
Schriftsteller

Lieblingsstadt
San Francisco

Lieblingsfilm
„Find me guilty" von Sidney Lumet mit Vin Diesel

Lieblingsbuch
„Rote Handschuhe" von Eginald Schlattner

Lieblingsmusik
W. A. Mozart und Gustav Mahler

Stärken
Flexibilität, Beharrlichkeit, Fleiß

Schwächen
Nicht nein sagen zu können

Freizeitbeschäftigung
Lesen, Kinobesuch mit der Familie

Sport
Rad fahren, Tennis spielen

Lebensmotto
„Der Feind des Guten ist das Bessere."

Kohlrouladen

Zubereitung

Den Weißkohl putzen. Die großen Blätter ablösen, in kochendem Salzwasser kurz blanchieren und die Blattrippen flachschneiden. Die kleineren Blätter lassen sich nun auch leicht lösen.

Das Hackfleisch mit Salz, Pfeffer, Eiern und Oregano vermengen und zu 6 Buletten gleicher Größe formen. Jede Bulette in 1 – 2 Kohlblätter wickeln (eventuell mit Garn zubinden). Salzen, pfeffern sowie eine Prise Kümmel darüber streuen.

Die Zwiebeln schälen und würfeln. In einem Bräter Zwiebeln und Speck in etwas Butterschmalz anbraten. Wenn alles schön braun ist, die Kohlrouladen hinzugeben, mit der Brühe begießen und in den auf 180 °C vorgeheizten Backofen schieben. Häufig mit Brühe übergießen.
Nach etwa 45 Minuten haben die Rouladen eine braune Farbe.

Die fertigen Rouladen aus dem Bräter nehmen und warmhalten.
Den Bratenfond reduzieren, mit Wasser vermischtes Mehl einrühren und gut aufkochen.

Beilage

Salzkartoffeln

Zutaten (für 6 Personen)

1 kg gemischtes Hackfleisch
1 großer Weißkohl
150 g Speckwürfel
2 Eier
3 Zwiebeln
20 g Butterschmalz oder Olivenöl
1/2 l Gemüsebrühe
etwas Mehl zum Binden
Oregano, Kümmel gemahlen
Salz, Pfeffer aus der Mühle

Getränke

Dorsheimer Pittermännchen Riesling Spätlese 2002
Schlossgut Diel, Burg Layen
davor ein kühles Bier

Prof. Dr. Gunter von Minckwitz

Leiter der German Breast Group und Geschäftsführer GBG Forschungs GmbH, Neu-Isenburg
Oberarzt an der Universitäts-Frauenklinik Frankfurt/Main

Geboren 1964 in Darmstadt
Verheiratet seit 1993 mit Frau Anke, eine Tochter und ein Sohn

Medizinstudium und Assistenzarztzeit in Heidelberg

Seit 1998 Oberarzt an der Universitäts-Frauenklinik in Frankfurt

Leiter der German Breast Group und Geschäftsführer der GBG Forschungs GmbH seit 2003, welche klinische Studien zur Brustkrebsbehandlung mit über 3700 neuen Patientinnen pro Jahr durchführt

Stellvertretender Sprecher der Kommission Mamma der AGO und Leitung der Erstellung der aktuellen Brustkrebstherapie-Leitlinie

Internationale Anerkennung als klinischer Wissenschaftler mit über 250 Publikationen und 500 Vorträgen auf nationalen und internationalen Kongressen

Nachgefragt

Traumberufe
Früher Lehrer, später Pilot

Lieblingsstädte
Südeuropäische Städte, die am Meer liegen (Barcelona, Lissabon, Athen) Eher Inseln (Sylt) oder ländliche Gegenden (Toskana)

Lieblingsfilm
„Ein Fisch namens Wanda“

Lieblingsbücher
Historische Romane, wenn sie sehr gut recherchiert sind

Lieblingsmusik
Chill-out music, Club-Mix CDs der Strandbar Wonnemeyer auf Sylt

Stärken
Konzentration auf das Wesentliche, Menschen mit unterschiedlichen Einstellungen/Meinungen zusammenführen

Schwächen
Fremde Menschen spontan anzusprechen

Freizeitbeschäftigung
Reisen und Ausflüge mit meiner Familie, gerne würde ich mehr malen

Sport
Joggen (fast täglich), Golf, Ski fahren, Schwimmen, Wandern

Lebensmotto
„Die Arbeit so zu gestalten, dass sie Spaß macht und sich mit der Freizeit verbinden lässt.“

Spinat-Hackfleisch-Tortillas

Das Rezept stammt aus meiner Studentenzeit. Damit konnte ich schon meine zukünftige Frau überzeugen. Es ist einfach, schnell und auch meine Kinder sind sofort dafür zu haben.

Zubereitung

Für die Tortillas werden Mehl, Eier, Salz und Milch zusammengegeben und bis zu einer zähflüssigen Masse mit Milch weiter verdünnt.

Ca. 15 Minuten stehenlassen und dann in einer Pfanne zu Tortillas ausbacken.

In der Zwischenzeit das Hackfleisch mit der geschnittenen Zwiebel und den gehackten Knoblauchzehen anbraten und mit Pfeffer und Salz würzen. Den Spinat in einem Topf mit der Butter erhitzen, mit Muskat, Salz, Pfeffer, und der Hühnerbrühe würzen und anschließend das Hackfleisch untermischen.

Die Spinat-Hackfleisch-Mischung portionenweise auf eine Hälfte jeder Tortilla verteilen und die andere Hälfte darüberklappen. Heiß servieren.

Getränk

Riesling aus dem Rheingau

Zutaten (für 4 – 6 Tortillas)

125 g Mehl

2 Eier

1/4 l Milch

400 g Hackfleisch

1 mittelgroße Zwiebel

1 – 2 Knoblauchzehen

400 g tiefgefrorener, pürierter Spinat

etwas Butter

Muskat

1 TL Hühnerbrühe

Prof. Dr. Uwe Wagner

Direktor der Klinik für Gynäkologie, gynäkologische Endokrinologie und Onkologie der Philipps-Universität Marburg

Geboren 1963 in Bad Godesberg (Nordrein-Westfalen)
Verheiratet, zwei Söhne

Medizinstudium an der Rheinischen Friedrich-Wilhelms-Universität in Bonn, Wissenschaftlicher Mitarbeiter der Universitäts-Frauenklinik in Bonn

Leitender Oberarzt mit Schwerpunkt Allgemeine Gynäkologie und Onkologie der Universitäts-Frauenklink in Bonn

Stellvertreter des Ärztlichen Direktors der Universitäts-Frauenklinik in Tübingen

Professor der Universitäts-Frauenklinik Marburg

Forschungsschwerpunkt: Entwicklung neuer Therapiekonzepte gynäkologischer Tumoren

1997 Verleihung des Fritz-Acker-Preises für onkologische Forschung

2000 Verleihung des Schmidt-Matthiesen-Preises für Gynäkologische Onkologie der AGO/DGGG

Mitglied diverser Fachgesellschaften

Leitgruppenmitglied der Studiengruppe AGO Ovar

Entwicklung monoklonaler Antikörper zur Therapie des Ovarial-Karzinoms

Nachgefragt

Traumberuf
Landwirt

Lieblingsstadt
Marburg

Lieblingsfilm
„Der Partyschreck" mit Peter Sellers

Lieblingsbuch
„Die Tote ohne Namen" von Patricia Cornwell

Lieblingsmusik
The Boss Hoss

Stärken
Hilfsbereitschaft und Großzügigkeit

Schwächen
Ungeduld und Harmoniebedürfnis

Freizeitbeschäftigung
Westernreiten

Sport
Squash, aber viel zu selten

Schweinefilet mit Zwiebel-Rotwein-Sauce und Kartoffelgratin

Zubereitung

Die Zwiebel in mittelgroße Würfel schneiden und leicht in Butter anbraten.

Im Anschluss mit dem Rotwein ablöschen und ca. 1 Stunde leicht köcheln; dazu die Zwiebeln ein wenig mit Zucker süßen.

Die Zwiebeln müssen vollständig die Farbe des Rotweines angenommen haben.

Die Kartoffeln schälen, in feine Scheiben schneiden und in eine Auflaufform schichten. Dann mit der Sahne übergießen und mit Muskatnuss, Pfeffer und Salz würzen.

Das Kartoffelgratin bei 180 °C im Backofen ca. 20 – 25 Minuten garen.

Die Schweinemedallions scharf anbraten. Im Anschluss das Fleisch mit der Zwiebel-Rotwein-Sauce übergießen und mit dem Kartoffelgratin servieren.

Beilage

Kartoffelgratin

Getränk

Montes Alpha 2004, Cabernet Sauvignon

Zutaten (für 4 Personen)

4 Schweinefilets

3 – 4 große Zwiebeln

3/4 l trockener Rotwein

400 g Kartoffeln

400 ml süße Sahne

Prof. Dr. Diethelm Wallwiener

Leitender Ärztlicher Direktor der Universitäts-Frauenklinik Tübingen (seit 1998)
Präsident der Deutschen Gesellschaft für Senologie (seit 2002)

Geboren 1954 in Saarlouis (Saarland)
Verheiratet, zwei Söhne

Medizinstudium in Homburg/Saar

1981 Approbation

1982 Promotion Universitäts-Frauenklinik Homburg/Saar

Ab 1982 Universitäts-Frauenklinik und Universitäts-Kinderklinik Homburg, Abteilung für Interdisziplinäre Intensivmedizin

Leiter des Schwerpunktes Gesundheits- und Krankenhausmanagement als Arzt für Öffentliches Gesundheitswesen des Saarländischen Gesundheitsministeriums

1988 Oberarzt an der Universitäts-Frauenklinik Heidelberg

1989 Anerkennung als Facharzt für Geburtshilfe und Frauenheilkunde

1990 Habilitation und Venia legendi an der Universität Heidelberg

1996 apl. Professor der Universität Heidelberg

1998 Übernahme C4-Lehrstuhl Universitäts-Frauenklinik Tübingen

1997 – 2003 Ruf C4-Lehrstuhl Universitäts-Frauenkliniken Leipzig, München und Heidelberg

2005 Gründung der European Academy of Gynaecological Endoscopy in Brüssel

2006 Gründung des Instituts für Frauengesundheit Baden-Württemberg an der Universitäts-Frauenklinik Tübingen

Nachgefragt

Traumberufe
Segel- und Tauchlehrer

Lieblingsstadt
Tübingen

Lieblingsfilm
„Star Wars"

Lieblingsbuch
„Faust I" von J. W. von Goethe

Lieblingsmusik
Rolling Stones

Stärken
Weiß nicht

Schwächen
Weiß nicht

Freizeitbeschäftigung
Harley fahren

Sport
Tennis, Tauchen, Ski fahren

Lebensmotto
„Wissenschaft sticht Business"

Currywurst mit Kartoffelchips und Knoblauch-Kräuterdip

Zubereitung

Das Bratwurstbrät sorgfältig mit den Gewürzen vermischen. Die Masse mit Hilfe eines Spritzbeutels mit großer Lochtülle in einen Kunststoff-Wurstdarm füllen.

8 gleichmäßig große Würste mit einer Bratenschnur abbinden. Die Würste in 80 °C heißem Wasser 15 Minuten garen; anschließend in Eiswasser abkühlen.

Den Kunststoffdarm entfernen und die Würste in Butterschmalz bei geringer Hitze goldbraun braten. Für die Sauce alle Zutaten vermischen und 5 Minuten leicht köcheln lassen. Die Bratwürste vor dem Servieren in Stücke schneiden und mit der Currysauce überziehen.

Beilagen

Knoblauch-Kräuterdip und Kartoffelchips:
500 g Kartoffeln in der Schale gekocht, Salz, Pfeffer, Paprikapulver

Die kalten Pellkartoffeln schälen und mit Hilfe eines Buntmessers in gleichmäßige ca. 4 mm dicke Scheiben schneiden. Die Kartoffelscheiben in Pflanzenöl goldbraun frittieren und auf Küchenpapier abtropfen lassen. Salz, Pfeffer und Paprikapulver vermischen und die frittierten Kartoffelchips damit würzen.

Zutaten (für 4 Personen)

Für die Wurst:

600 g feines Bratwurstbrät

1 TL milder Madras Curry

1 TL Kurkuma

1 Msp Paprikapulver edelsüß

1 Msp Koriander gemahlen

1 Msp schwarzer Pfeffer gemahlen

Für die Sauce:

300 ml Gewürzketchup

200 ml Bratensaft

1 TL Madras Curry

2 EL Tandoori Würzmischung

1 EL Tomatenmark

Für den Knoblauch-Kräuterdip:

200 g Quark

50 g Schmand

100 ml Sahne

2 Knoblauchzehen

2 EL fein gehackte Petersilie

1 EL fein geschnittene Schnittlauchröllchen

1 Spritzer Worcestersauce

Saft einer Zitrone

Salz, Peffer, Prise Zucker

Alle Zutaten gut miteinander verrühren.

Getränk

Bier

Prof. Dr. Joachim Weis

Leiter der Abteilung Psychoonkologie
Klinik für Tumorbiologie an der Universität Freiburg

Geboren 1956 in Donaueschingen

Verheiratet, zwei Töchter und ein Sohn

Psychologiestudium in Freiburg und München

Wissenschaftlicher Mitarbeiter an der Abteilung Rehabilitationspsychologie der Universität Freiburg bei Prof. Dr. Dr. Uwe Koch

Promotion 1995, Habilitation und Verleihung der Venia legendi 1999

Forschungsaufenthalt im Memorial Sloan-Kettering Cancer Center in New York, Lehrstuhlvertretung Abteilung Rehabilitationspsychologie der Humboldt-Universität Berlin Approbation als psychologischer Psychotherapeut (Verhaltenstherapie)

Apl. Professur am Psychologischen Institut der Universität Freiburg

Nationaler und internationaler Experte für das Fachgebiet Psychoonkologie mit den Arbeitsschwerpunkten Lebensqualität, Fatigue, Krankheitsverarbeitung, psychologische Interventionen und Versorgungsforschung

Mehr als 130 wissenschaftliche Publikationen, 80 Buchbeiträge und 10 Bücher, Sprecher der Arbeitsgemeinschaft Psychoonkologie (PSO) der Deutschen Krebsgesellschaft, Vorstandssprecher der Weiterbildung Psychoonkologie, Vorstandmitglied der Deutschen Fatigue Gesellschaft

Mitglied in zahlreichen nationalen und internationalen Fachgesellschaften

NACHGEFRAGT

Traumberuf
Musiker

Lieblingsstadt
Barcelona

Lieblingsfilm
„Cyrano de Bergerac“ mit Gérard Depardieu

Lieblingsbuch
„Austerlitz“ von Winfried G. Sebald

Lieblingsmusik
„Marienvesper“ von Claudio Monteverdi

Stärken
Gelassenheit, Fähigkeit zur Strukturierung

Schwächen
Ungeduld

Freizeitbeschäftigung
Musik, Kunst, Rad fahren, Wandern

Sport
Laufen, Mountainbike fahren

Lebensmotto
Toleranz

Vitello alla Sarda – Sardischer Kalbsbraten

Zubereitung

Die Kalbsnuss rundum zart pfeffern, salzen und dünn mit dem Mehl bestäuben.

1 Möhre und die weißen Teile der Frühlingszwiebeln (etwa 1/3 davon, sowie das Grün für die Gemüsejulienne aufbewahren!) fein schneiden. Die Knoblauchzehen fein hacken. Die Kalbsnuss in einem Schmortopf mit Olivenöl anbräunen.

Gehacktes Gemüse, Rosmarinzweig und Knoblauch dazugeben und kurz andünsten. Trockenen Weißwein und Fleischbrühe angießen. Die gewaschene 1/2 Zitrone in dünne Scheiben schneiden und dazugeben.

Das Ganze 50 Minuten mit geschlossenem Deckel schmoren. Das Kalbfleisch herausnehmen und die Zitronenscheiben sowie den Rosmarin entfernen. Die Sauce durch ein Sieb passieren, die Kapern dazugeben und zusammen mit dem Kalbsbraten ca. 10 – 15 Minuten bei kleiner Hitze garen.

Zwischenzeitlich die 2 restlichen Möhren und das Grün der Zwiebeln fein schneiden und mit 2/3 der gehackten Petersilie als Gemüsejulienne mit etwas Butter leicht andünsten; mit Salz und Pfeffer abschmecken. Restliche Petersilie für die Garnitur zurückhalten. Den fertigen Kalbsbraten herausnehmen und dünn aufschneiden. Die Sauce abschmecken und auf den Kalbsbraten geben. Mit Gemüsejulienne und der restlichen Petersilie garniert servieren.

Beilage

Ein leichtes Kartoffelgratin oder Tagliatelle je nach Geschmack

Zutaten (für 4 Personen)

600 g Kalbsnuss
3 Möhren
3 Frühlingszwiebeln
1 Bund glatte Petersilie
1 Zweig Rosmarin
1/2 unbehandelte Zitrone
1/8 l trockener Weißwein
1/8 l Fleischbrühe
2 EL Kapern
2 Knoblauchzehen
1 – 2 EL Mehl
5 EL Olivenöl
Salz, Pfeffer aus der Mühle

Getränk

Weißburgunder aus dem Markgräflerland
Weingut Emil Marget, Hügelheim
oder Hermann Dörflinger, Mülheim

Prof. Dr. Bernhard Wörmann

Chefarzt der Medizinischen Klinik III
Schwerpunkt Hämatologie / Onkologie des Klinikums Braunschweig
Vorsitzender des Tumorzentrums Süd-Ost-Niedersachsen

Geboren 1954 in Enniger, Kreis Warendorf (Nordrhein-Westfalen)

Ledig, fünf Patenkinder

Studium der Humanmedizin, katholische Theologie und Psychologie in Münster; Humanmedizin in Montpellier

Wissenschaftliche und medizinische Weiterbildung am Gerhard-Domagk-Institut für Pathologie in Münster

Radiologie und Strahlentherapie im Knappschaftskrankenhaus Dortmund

Innere Medizin mit Schwerpunkt Gastroenterologie / Hepatologie in München

Department of Laboratory Medicine in Minneapolis (USA)

Zentrum Innere Medizin, Hämatologie / Onkologie der Westfälischen Wilhelms-Universität in Münster und der Georg-August-Universität in Göttingen

Vorsitzender der Sektion Hämatologie / internistische Onkologie im Berufsverband Deutscher Internisten (BDI)

Arbeitsschwerpunkte: Behandlung von Patienten mit akuten und chronischen Leukämien, malignem Lymphom, Plasmozytom (multiples Myelom), Brustkrebs, Magen- und Darmtumoren, Weichteiltumoren

Medizinische Ethik, Stärkung des Arzt-Patient-Verhältnisses, Umgang mit Krankheit; Unterstützung von Selbsthilfegruppen, u. a. Frauenselbsthilfe nach Krebs, Deutsche Leukämiehilfe, SHG Haarzell-Leukämie

Nachgefragt

Traumberuf
„Ich würde trotz aller Belastungen wieder Arzt werden"

Lieblingsstädte
Venedig, Paris

Lieblingsbücher
„Zauberberg" von Thomas Mann "A portrait of the artist as a young man" von James Joyce „À la recherche du temps perdu" von Marcel Proust

Lieblingsmusik
Kantaten und Oratorien von Johann Sebastian Bach, Barockopern

Stärken
Zuhören

Schwächen
Perfektionismus

Freizeitbeschäftigung
Lesen und Kochen

Hobbies
Sammeln von Inselbüchern, Reisen

Sport
Wandern

Weisse Tomatensuppe

Zubereitung

Die Tomaten waschen, in Stücke schneiden (mindestens vierteln), dann in einem Mixer oder mit einem Mixstab pürieren.

Das Püree in ein großes, über einem offenen Gefäß hängendes Mousseline-Tuch schütten.

Praktischer Hinweis: Ein quadratisches Tuch mit einer Kantenlänge von 1 m an den Rändern zusammenraffen und oben mit einem Bindfaden zu einem Beutel zusammenbinden. Dabei hängt eine Ecke des Tuchs unter dem Bindfaden heraus, um das Püree in den Beutel schütten zu können. Das freie Ende der Bindfäden befestigt man z. B. an einem in Kopfhöhe hängenden Küchenregal; das Gefäß wird daruntergestellt. Der Bindfaden ist so bemessen, dass der Beutel gerade bis an den Oberrand des Gefäßes reicht. Die aus dem Tuch heraustretende Flüssigkeit ist klar! Abhängig von der Qualität des Tuchs kann sie am Anfang einen leichten Rotstich haben, dies sieht man hinterher kaum noch. Die Flüssigkeit tritt über 6 – 12 Stunden langsam aus.

Für die Suppe wird die Tomatenflüssigkeit zum Kochen gebracht.

Dann werden Milch, Sahne, Lorbeerblatt und die anderen Gewürze hinzugefügt.

Die Suppe kocht etwa 30 Minuten bei niedriger Hitze – und ist fertig.

Zur Verfeinerung wird die Suppe mit je 1 EL Butter und Trüffelöl in einem Mixer aufgeschäumt und falls erforderlich nachgewürzt.

Getränke

Rioja aus Spanien oder Malbec aus Argentinien
Wir bereiten die Suppe gern als Vorspeise bei Essen mit mediterranem Charakter zu und servieren deshalb auch bereits zur Suppe einen Rotwein.

Zutaten (für 4 Personen)

1 kg Tomaten

1/4 l Sahne

1/4 l Milch

Gewürze: Estragon, Lorbeer, Basilikum, Pfeffer, Salz

Uwe Kalms

Category Manager Food-Services
BeNeLux TOTAL

Geboren 1968 in Heidelberg
Ledig

Aufgewachsen bin ich in Schwetzingen, doch schon früh zog es mich ins Ausland. Zunächst mit 20 Jahren nach Luxemburg, wo ich eine Hochschulausbildung zum Filmzeichner und -techniker machte.

Zu diesem Zeitpunkt war meine Mutter bereits an Brustkrebs erkrankt, doch die ersten Operationen ließen hoffen und wir dachten, sie hätte die Krankheit besiegt.

Der Krebs kam nach Jahren zurück und trotz eiserner Willenskraft und ungebrochenem Kampfeswillen konnte meine Mutter diesmal nicht mehr gewinnen. Darum unterstütze ich die Krebsvorsorge und Früherkennung von Brustkrebs.

Trotz meiner Liebe zur Kunst entschied ich mich danach für eine Laufbahn im Handel. Über Coca-Cola Enterprises kam ich zum Mineralöl-konzern TOTAL, wo ich heute von Brüssel aus die Geschicke der Tankstellen in BeNeLux im Food-Services-Bereich bestimme.

Das Bierbrauen ist eine Leidenschaft, der ich seit ca. 8 Jahren nachgehe. Nach einem turbulenten Ausflug in die kommerzielle Bierbrauerei bin ich aber wieder zum Heimbrauen zurückgekehrt und braue mit einem Freund heute vor allem auf Anfrage von Bekannten und Freunden für besondere Anlässe.

Nachgefragt

Traumberuf
Designer

Lieblingsstädte
Aix en Provence und Boston

Lieblingsfilm
„Delicatessen" von Jean-Pierre Jeunet & Marc Caro

Lieblingsbuch
„Die Säulen der Erde" von Ken Follett

Lieblingsmusik
Depeche Mode

Stärken
Kreativität, Motivation, Loyalität

Schwächen
Hang zum Pessimismus

Freizeitbeschäftigung
Bier brauen, Lesen, Reisen, Fotografieren

Sport
Wandern

Lebensmotto
„Nie die Neugier verlieren und sich ein Stück Kindlichkeit bewahren!"

Bier selbst gebraut

Bier ist das älteste Kulturgetränk der Menschheit. Was könnte ein selbst gekochtes Festmenü besser krönen als Bier – selbst gebrautes Bier! Wenn Sie denken, dass selbst gebrautes Bier zu aufwendig, zu schwierig und wenig Erfolg versprechend ist, dem sei gesagt: „Bierbrauen ist leichter als man denkt, ehrlich." Doch wenn Sie jetzt den Entschluss fassen sollten, am kommenden Wochenende Ihre besten Freunde einzuladen, ihnen ein üppiges Vier-Sterne-Menü zu servieren und stolz Ihr selbst gebrautes Bier dazu auszuschenken, dann muss ich Sie enttäuschen. Das Bierbrauen an sich nimmt zwar nur wenige Stunden in Anspruch, danach muss es aber noch gären, um tatsächlich zu einem Bier zu werden.
Das dauert, je nach Biertyp, zwischen wenigen Wochen und mehreren Monaten; also frühzeitig planen. Was für ein Bier möchten Sie brauen? Grundsätzlich kommen für das Brauen zu Hause nur obergärige Biere in Frage: Weizenbier, Kölsch, Altbier oder englisches und belgisches Ale. Das liegt aber vor allem an der Temperatur, bei der die Hefe aktiv wird. Sie arbeitet am liebsten bei schnuckeligen 18 – 22 °C, das ist leicht zu realisieren. Zum Brauen brauchen Sie folgende Ausrüstung:

Sudkessel

Bei diesem Wort denkt natürlich jeder an die kupfernen Braukathedralen in den großen Sudhäusern der professionellen Brauereien. Zu Hause müssen wir uns allerdings mit einem großen Kochtopf von mindestens 20 Liter oder einem Einmachtopf begnügen. Ideal zum Erhitzen ist ein Gaskocher, aber der elektrisch betriebene Einmachtopf oder ein E-Herd tun es auch – nur sehr viel langsamer.

Gärbottich

Wenn das Bier gebraut ist, muss es noch vergoren werden. Der Gärbottich ist im Grunde nichts weiter als ein großer Plastikeimer mit Abflusshahn und entsprechendem Fassungsvermögen. Wer will, der kann anstelle eines speziellen Gärbottichs auch einen Plastikmülleimer mit Deckel (vorzugsweise ungebraucht) verwenden.

Filter

Man kann einen speziellen Maischefilter oder ein großes Nudelsieb verwenden, in das man ein Küchentuch legt. Achtung: da die Maische heiß gesiebt wird, kein Plastiksieb verwenden!

Kühler

Die fertige Bierwürze (die gesiebte Maische) muss so schnell wie möglich auf die für die Hefe notwendige Temperatur (ca. 18 – 22 °C) abgekühlt werden. Dafür verwenden Sie einen Schlangenkühler oder den Gärbottich, den Sie in eine mit Eiswasser gefüllte Badewanne stellen.

Malzmühle

Das Braumalz wird mit einer mechanischen Mühle geschrotet, nicht gemahlen. Hinweis: Kaffeemühlen mahlen zu fein, das führt zum Verstopfen des Filters. Alternativ verwendet man bereits geschrotetes Malz.

Druckventil

Spezielle Gärbottiche verfügen über ein Druckventil, durch das die bei der Gärung entstehenden Gase entweichen können. Sollten sie aber mit der „Mülleimer-Variante" arbeiten, dann genügt es, die entstandenen Gase von Zeit zu Zeit durch kurzes Öffnen des Deckels abzulassen.

Bierspindel

Dieses Gerät erlaubt es, den Alkohol- sowie den Stammwürzgehalt Ihres Biers zu bestimmen, ist aber nicht zwingend notwendig.

Thermometer

Die Temperaturen im Auge zu behalten und genau einzuhalten, ist beim Bierbrauen absolutes Muss. Gut geeignet sind elektrische Thermometer, deren Fühler Sie einfach in die Flüssigkeit hängen.

Ablassschlauch

Ein einfacher Plastikschlauch mit Klemme, um die Würze problemlos abzulassen.

Kochlöffel

Klingt banal, ist aber wichtig.
Beim Brauen muss viel gerührt werden.

Jetzt müssen Sie noch entscheiden, welches Bier Sie brauen wollen und die Zutaten besorgen. Dann kann es endlich losgehen!

Zutaten für „Helles Weizenbier"

Für 20 – 25 Liter fertiges Bier:

2 kg helles Gerstenmalz

3 kg helles Weizenmalz

40 – 45 g Hallertau-Hopfen (3 % Alphasäure)

1 Beutel (ca. 7 g) Obergärige Bierhefe

28 l stilles Mineralwasser

Einmaischtemperatur: 45 °C mit 16 l Wasser

Einmaischen: 20 Minuten bei 45 °C

Eiweißrast: 20 Minuten bei 52 °C

Maltoserast: 50 Minuten bei 64 °C

1. Verzuckerungsrast: 30 Minuten bei 72 °C

2. Verzuckerungsrast: 20 Minuten bei 76 °C

Nachguss: 12 l Wasser mit 78 °C

Kochen der Würze: 100 Minuten bei 100 °C

1. Hopfengabe: 80 % zu Beginn des Würzekochens

2. Hopfengabe: 20 % etwa 15 Minuten vor Ende der Kochzeit

Gärtemperatur: 18 °C

Hauptgärung: 3 Tage

Flaschengärung: 3 – 4 Wochen

Haltbarkeit: ca. 3 Monate

Zutaten für „Kölsch"

Für 20 – 25 Liter fertiges Bier:

3,5 kg helles Gerstenmalz

0,5 kg helles Weizenmalz

50 g Saazer-Hopfen (3 % Alphasäure)

1 Beutel (ca. 7 g) Obergärige Kölsch-Bierhefe

32 l stilles Mineralwasser

Einmaischtemperatur: 40 °C mit 18 l Wasser

Einmaischen: 20 Minuten bei 35 °C

Eiweißrast: 25 Minuten bei 52 °C

Maltoserast: 45 Minuten bei 64 °C

1. Verzuckerungsrast: 35 Minuten bei 72 °C

2. Verzuckerungsrast: 15 Minuten bei 76 °C

Nachguss: 14 l Wasser mit 78 °C

Kochen der Würze: 90 Minuten bei 100 °C

1. Hopfengabe: 80 % zu Beginn des Würzekochens

2. Hopfengabe: 20 % etwa 15 Minuten vor Ende der Kochzeit

Gärtemperatur: 17 °C

Hauptgärung: 4 – 6 Tage

Flaschengärung: 5 – 7 Wochen

Haltbarkeit: ca. 4 Monate

Zutaten für „Altbier“

Für 20 – 25 Liter fertiges Bier:

1,5 kg helles Gerstenmalz

3 kg dunkles Gerstenmalz

0,5 kg Weizenmalz

60 g Goldings-Hopfen (3 % Alphasäure)

1 Beutel (ca. 7 g) Obergärige Alt-Bierhefe

28 l stilles Mineralwasser

Einmaischtemperatur: 55 °C mit 16 l Wasser

Einmaischen: 20 Minuten bei 50 °C

Eiweißrast: 20 Minuten bei 52 °C

Maltoserast: 45 Minuten bei 64 °C

1. Verzuckerungsrast: 35 Minuten bei 72 °C

2. Verzuckerungsrast: entfällt bei diesem Biertyp

Nachguss: 12 l Wasser mit 78 °C

Kochen der Würze: 100 Minuten bei 100 °C

1. Hopfengabe: 70 % zu Beginn des Würzekochens

2. Hopfengabe: 30 % etwa 10 Minuten vor Ende der Kochzeit

Gärtemperatur: 17 °C

Hauptgärung: 3 – 5 Tage

Flaschengärung: 5 – 7 Wochen

Haltbarkeit: ca. 8 Monate

Zubereitung

Womit beginnen? Mit dem Reinigen der Ausrüstung! Peinliche Sauberkeit ist bei der Bierherstellung oberstes Gebot, da der kleinste Keim, der sich irgendwo versteckt, für saueres Bier sorgen könnte! Zwar gibt es hierfür spezielle chemische Reinigungsmittel, doch die Verpackungsgrößen sind für Hobbybrauer schlicht unrealistisch. Es reicht, alle Teile, die später mit dem Bier in Berührung kommen, mit einem handelsüblichen Reinigungsmittel für Babyflaschen zu säubern.

Für die spätere Abfüllung eignen sich besonders 0,5-Liter-Flaschen mit Bügelverschluss, die ebenfalls sorgfältig zu reinigen sind. Geschirrspülmittel kommen bei der Flaschenreinigung nicht in Frage, da eventuelle Rückstände für verdorbenes Bier sorgen könnten. Also ran an die Flaschenbürste und schrubben ...

Eine andere Methode ist zwar unkonventionell, aber höchst effizient. Reinigen Sie die Flaschen mit einem Dampfreiniger. Das geht schnell und man bekommt auch hartnäckigen Bodensatz einfach aus den Flaschen. Noch dazu sorgt der heiße Dampf für einen Sterilisationseffekt. Aber passen Sie auf, die Flaschen werden dabei sehr heiß und könnten bei zu langer Behandlung mit Heißdampf zerspringen.

Jetzt geht es ans Brauen. Als erstes muss das Malz geschrotet werden, um während des Maischvorgangs wichtige Enzyme herauszulösen.

Das geschrotete Malz wird in den Sudkessel gegeben und mit Wasser vermengt. Dieses Gemisch wird dann auf die „Einmaischtemperatur" erhitzt. Danach geht es in verschiedenen Zeit- und Temperaturetappen weiter. Sowohl die Temperaturen als auch die sogenannten Rastzeiten pro Etappe sind genauestens einzuhalten – sie sind entscheidend für das Gelingen des späteren Bieres. Bei jeder Temperatur werden andere, zum Brauen wichtige Enzyme aus dem Korn gelöst. Diese lösen sich unterschiedlich schnell, deshalb sind die Rastzeiten unterschiedlich lang.

Nicht jeder Biertyp braucht die gleichen Enzyme, deshalb differieren die Temperaturen und Rastzeiten. Wer hier nicht genau arbeitet, riskiert, dass sein Bier nicht gelingt. Ständiges Rühren ist ebenfalls wichtig. Ein Anbrennen der Maische könnte ebenso fatal sein wie eine ungleichmäßige Temperaturverteilung im Topf.

Die letzte Rastzeit liegt meist um 78 °C und ist am schwierigsten einzuhalten. Das liegt daran, dass verschiedene Enzyme bei höheren Temperaturen zerstört würden und im Korn blieben. Daher beim Einmaischen immer unter 80 °C bleiben!

Das Korn ist jetzt „leer" und wird aus der Maische herausgefiltert. Je feiner Sie filtern, desto besser für Ihr Bier.

Wenn fast die gesamte Flüssigkeit aus dem Sudkessel in den Braukessel gefiltert wurde, wird der „Nachguss" auf den Treber, also das zurückgebliebene Korn, gegossen. Das Wasser muss die gleiche Temperatur haben wie die Maische bei der letzten Rastzeit, also etwa 78 °C. Dieser Nachguss dient dazu, die letzten nützlichen Inhalte aus dem Korn zu spülen.

Normalerweise wird so lange „aufgegossen" bis keine Farbe mehr aus dem Treber gespült wird.

Was Sie jetzt im Topf haben, nennt sich Bierwürze. Die Bierwürze soll so schnell wie möglich zum Kochen gebracht werden, um die erste Hopfenzugabe in die brodelnde Würze zu geben.

Der Hopfen ist ein wichtiger Bestandteil des Biers, denn er sorgt nicht nur für das typisch Bittere, sondern hat auch eine konservierende Wirkung. Erhältlich ist Hopfen in zwei Formen: als getrocknete Dolden und als Pellets. Ich empfehle Ihnen, Dolden zu verwenden, da Sie diese besser wieder aus der Würze filtern können. Wenn Sie diese noch dazu in ein sauberes Leinensäckchen einbinden, dann können Sie den Hopfen später einfach wieder herausnehmen.

Die Würze wird dann ca. 1 – 1,5 Stunden gekocht. Ca. 10 Minuten vor Ende der Kochzeit wird der restliche Hopfen zugefügt. Die Kochzeit verschafft Ihnen etwas Entspannung bevor Ihre letzte große Prüfung ansteht: Das abermalige Filtrieren und Kühlen der Würze. Das Filtrieren erfolgt auf die gleiche Art und Weise wie zuvor und sorgt schon für eine erste Abkühlung. Das tatsächliche Abkühlen auf die nötige Gärtemperatur, das heißt von über 90 °C auf etwa 18 – 22 °C, muss wirklich schnell geschehen, was den Hobbybrauer vor ein echtes Problem stellt.

Trotz allerlei Ratschlägen in Büchern, bleibt die mit eiskaltem Wasser gefüllte Badewanne die einzige praktikable und wirksame Methode. Der Grund für die Hektik ist, dass die Würze, die man inzwischen übrigens als Grünbier bezeichnen darf, in diesem Stadium recht anfällig für in der Luft schwebende Keime ist. Eine Infektion wird umso wahrscheinlicher, je länger man braucht, um die Gärtemperatur zu erreichen.

Ist die Gärtemperatur erreicht, kommt die letzte der vier Bierzutaten hinzu: die Hefe. Sie ist im Reinheitsgebot von 1516 nicht erwähnt, verstößt trotzdem nicht gegen diese älteste, noch immer gültige Lebensmittelverordnung der Welt. Warum? Nun, sie war damals schlicht und einfach noch nicht bekannt.

Die Hefe ist ein äußerst widerstandsfähiger Pilz, der getrocknet Jahre überdauern kann, ohne dabei abzusterben. Demnach kaufen Sie Brauhefe meist in eben dieser Form, als getrocknetes, grobkörniges Pulver.

Nun wissen Sie wahrscheinlich aus eigener Erfahrung, wie es ist, morgens aufzustehen und in die Gänge zu kommen – mühsam! Wenn man bedenkt, dass die Hefe oft monatelang „geschlafen" hat, dann sollte man Rücksicht nehmen und sie sachte wecken. Dies macht man, indem man ein Glas Würze auf Gärtemperatur bringt und die Hefe zugibt. Sie sollte nach wenigen Minuten zu arbeiten beginnen, also den beim Maischen gelösten Malzzucker in Alkohol und Kohlensäure umwandeln. Sie erkennen an den kleinen Blasen, dass die Hefe arbeitet.

Die „angeregte" Hefe wird ins abgekühlte Grünbier gegeben. Die Gärung sollte nach etwa 12 – 24 Stunden vollständig eingesetzt haben. Dabei bildet sich ein bräunlicher Schaum an der Oberfläche, der stets dicker wird.

Das Ende des Gärprozesses hat Ihr Bier nach ca. 3 – 4 Tagen erreicht. Der Schaum fällt in sich zusammen und es bildet sich eine fleckige, braune Landschaft, die nicht wirklich gesund aussieht, es aber durchaus ist.

Danach kommt das Abfüllen in die gereinigten Bierflaschen. Wollen Sie Ihr Bier streng nach dem Reinheitsgebot brauen, dann müssen Sie die Flaschen verschließen und je nach Biersorte noch ungefähr 3 Wochen bis 4 Monate warten, bis Ihr Bier während einer zweiten Gärphase gereift ist.

Wer auf Nummer sicher gehen will, der sollte in jede Flasche etwa einen halben Teelöffel braunen Kandiszucker geben. Dadurch wird das Bier nicht süß, allein die Hefepilze finden wieder mehr Nahrung und stellen ihre Arbeit nicht vorzeitig ein. Beim Hausbrauen ist diese kleine Abweichung vom Reinheitsgebot sicher verzeihlich, schließlich geht es hier nicht um den Zusatz chemischer Hilfsmittel und die Chancen, ein ordentlich vergorenes Bier zu erhalten, sind ungleich höher.

Das frische Bier sollten Sie dunkel und kühl lagern – nicht kalt! Der Kühlschrank ist (jetzt noch) tabu. Die Hefe würde streiken und die Gärung würde stoppen.

Da Sie zuhause keine professionellen Filtrationsanlagen zur Verfügung haben, bleiben die vielen Schwebestoffe im Bier erhalten; es ist zwangsläufig getrübt. Auch Profibrauer lieben solch unfiltriertes Bier und bieten es als „Gezwickeltes" an.

Nun können Sie endlich Ihr selbstgebrautes Bier genießen – Prost!

Autorenverzeichnis

Alt, Dieter Dr.	Raclette Variationen
Bamberg, Michael Prof. Dr.	Fischtopf mit Garnelen und Lachs
Bartsch, Hans Helge Prof. Dr.	Chicorée-Auflauf mit Rucola
Beckmann, Matthias W. Prof. Dr.	Eintopf
Bender, Hans Georg Prof. Dr.	Scharfsaure Garnelen mit frischem Thai-Chili
Brunnert, Klaus E. Dr.	Sauerbraten von der Diepholzer Moorschnucke
Costa, Serban-Dan Prof. Dr. Dr. h.c.	Schweinefilet in Blätterteig
Diedrich, Klaus J. Prof. Dr.	Artischocken mit Garnelen und Limonen-Mayonnaise
Diel, Ingo J. Prof. Dr.	Kürbissuppe mit Ingwer
Dietel, Manfred Prof. Dr.	Lammcarré mit Kartoffelgratin und grünen Bohnen
Distler, Wolfgang Prof. Dr.	Brunnenkresse-Omelett mit Mozzarella
Drings, Peter Prof. Dr.	Gedeckter Apfelkuchen à la Johanna Drings
Eiermann, Wolfgang Prof. Dr.	„Böfflamott" mit Brezenknödeln
Emons, Günter Prof. Dr.	Boeuf bourguignon
Faber, Peter Prof. Dr.	Heilbutt auf Rieslingsauce
Gerber, Bernd Prof. Dr.	Aal in Aspik
Gitsch, Gerald Prof. Dr. Dr. h.c.	Saltimbocca alla Romana
Hartlapp, Joachim H. Prof. Dr.	Ente im Römertopf
Heidemann, Else Prof. Dr.	Rudi's Rucola-Salat
Hilfrich, Jörn Prof. Dr. M.P.H.	Zander mit Kartoffelpüree
Höfler, Elisabeth	Gesunde Ernährung
Jackisch, Christian Prof. Dr.	Seeteufel auf Bouillabaisse-Gemüse
Jänicke, Fritz Prof. Dr.	Schweinefilet mit Spinat und Ingwer
Jonat, Walter Prof. Dr. Dr. h.c.	Krabben-Tarte mit Lachsfilet
Jordan, V. Craig Prof. Dr.	Craig's New England Clam Chowder – Muschelsuppe
Kalms, Uwe	Bier selbst gebraut
Kaufmann, Manfred Prof. Dr. Dr. hc.	Frischer Lachs mit Gemüse und gerösteten Algen
Kiechle, Marion Prof. Dr.	Spaghetti Primavera
Kiesel, Ludwig Prof. Dr.	Hühner-Pörkölt
Kirschbaum, Michael Prof. Dr. Dr.	Sauerbraten
Kleeberg, Ulrich R. Prof. Dr.	Gebratene Entenbrust in Orangen-Couscous
Kleine, Werner Prof. Dr.	Schwäbische Maultaschen
Kölbl, Heinz Univ.-Prof. Dr.	Scottiglia Toskana – Gemischter Schmorbraten
Kreienberg, Rolf Prof. Dr.	„Lewwerknepp" – Pfälzer Leberknödel
Kubista, Ernst Prof. Dr.	Wiener Tafelspitz

Lafer, Johann	Holunderblüten-Quark-Mousse mit Balsamicobeeren
Maass, Heinrich Prof. Dr.	Hummerkrabben in pikanter Sauce mit Basmati-Reis
Mallmann, Peter Prof. Dr.	Spaghetti Carbonara
Meerpohl, Hans-Gerd Prof. Dr.	Spargel mit „Kratzete“
Merkle, Elisabeth Prof. Dr. Dr.	Wolfsbarsch in der Salzkruste
Neises, Mechthild Prof. Dr. Dr.	Seeteufel aus dem Ofen
Niedner, Wolfram Prof. Dr.	Wildschweinbraten mit Thüringer Klößen
Olbrisch, Rolf R. Prof. Dr.	Schnittlauchpfannkuchen mit Spargel und Sauce Hollandaise
Ortmann, Olaf Prof. Dr.	Zander mit weißem Spargel
Paas, Ludger Dr.	Vitello Tonnato
Petri, Eckhard Prof. Dr.	Mecklenburger Rippenbraten
Possinger, Kurt Prof. Dr.	Schweinebraten mit Serviettenknödeln
Rezai, Mahdi Dr.	Auberginen mit Joghurt und Quark – Boranie Badenjan
Scharl, Anton Prof. Dr.	Oberpfälzer Rinderschmorbraten
Schmidt, Werner Prof. Dr. Drs. h.c.	Kalbsleber – Venezianische Art
Schmidt-Rhode, Peter Prof. Dr.	Coq au Vin
Schneider, Achim Prof. Dr. M.P.H.	Augsburger Zwetschgendatschi mit Kartoffelsuppe
Schöndorf, Norbert K. Prof. Dr.	„Baeckeoffe“
Schulte, Hilde	Grüne Klöße mit Specksauce
Schulz, Klaus-Dieter Prof. em. Dr.	Königsberger Klopse
Schulz-Wendtland, Rüdiger Prof. Dr.	Schweinefilet mit Salbei und Kapern
Schweppe, Karl-Werner Prof Dr. Dr. h.c.	Rehrücken mit Kartoffelbällchen und Pfifferlingen
Senn, Hans-Jörg Prof. Dr.	Appenzeller Fitness-Käse-Fondue
Sohn, Christof Prof. Dr. Prof. h.c.	Hummer in Orangenkruste mit Orangen-Ingwer-Sauce
Tulusan, Augustinus Harjanto Prof. Dr.	Satee Ayam Tulusan mit indonesischem Gurkensalat
Ulmer, Hans Ulrich Prof. Dr.	Rindsrouladen mit Spätzle und Rotkraut
Untch, Michael Prof. Dr.	Kohlrouladen
von Minckwitz, Gunter Prof. Dr.	Spinat-Hackfleisch-Tortillas
Wagner, Uwe Prof. Dr.	Schweinefilet mit Zwiebel-Rotwein-Sauce und Kartoffelgratin
Wallwiener, Diethelm Prof. Dr.	Currywurst mit Kartoffelchips und Knoblauch-Kräuterdip
Weis, Joachim Prof. Dr.	Vitello alla Sarda – Sardischer Kalbsbraten
Wörmann, Bernhard Prof. Dr.	Weiße Tomatensuppe

Inhaltsverzeichnis

Allgemeines

Beilagen

Desserts

Eierspeisen

Fisch + Meeresfrüchte

Fleischgerichte

Geflügel

Gemüse und Salate

Käse

Pasta

Suppen

Wild und Lamm

Klaus E. Brunnert

Jörn Hilfrich

Olaf Ortmann

Manfred Dietel

Heinz Kölbl

Norbert K. Schöndorf

Ludwig Kiesel

Gunter von Minckwitz

Else Heidemann

Lieblingsgerichte **deutscher**

Ludger Paas

Werner Schmidt

Werner Kleine

Christof Sohn

Hans-Gerd Meerpohl

Achim Schneider

Bernhard Wörmann

Klaus J. Diedrich